古代歷史文化研究輯刊

十 編

王 明 蓀 主編

第24冊

晚清政府以東北問題爲中心運作的
聯美制日政策研究

劉冬梅著

國家圖書館出版品預行編目資料

晚清政府以東北問題為中心運作的聯美制日政策研究／劉冬梅
著 — 初版 — 新北市：花木蘭文化出版社，2013〔民 102〕
目 2+140 面；19×26 公分
（古代歷史文化研究輯刊 十編；第 24 冊）
ISBN：978-986-322-352-8（精裝）
1. 外交政策　2. 晚清史
618　　　　　　　　　　　　　　　　　　102014424

古代歷史文化研究輯刊
十　編　第二四冊　　　　　　ISBN：978-986-322-352-8

晚清政府以東北問題為中心運作的聯美制日政策研究

作　　者　劉冬梅
主　　編　王明蓀
總 編 輯　杜潔祥
出　　版　花木蘭文化出版社
發 行 所　花木蘭文化出版社
發 行 人　高小娟
聯絡地址　235 新北市中和區中安街七二號十三樓
　　　　　電話：02-2923-1455／傳真：02-2923-1452
網　　址　http://www.huamulan.tw 信箱 sut81518@gmail.com
印　　刷　普羅文化出版廣告事業
初　　版　2013 年 9 月
定　　價　十編 35 冊（精裝）新台幣 62,000 元

晚清政府以東北問題爲中心運作的聯美制日政策研究

劉冬梅　著

作者簡介

劉冬梅（1970 年 11 月生），女，吉林省九台人，吉林大學歷史學博士，現為海南大學社會科學研究中心副研究員。

提　要

　　日俄戰爭後，圍繞東北問題，1905 ～ 1911 年，清政府開始制定並運作聯美制日政策。本書首次全面、系統地勾畫了清政府為應對東北危機而運作的一系列聯美制日外交活動的全貌：新法計劃、唐紹儀使美、錦璦計劃、幣制改革與實業借款計劃等，並客觀地評價和分析了這一政策及其失敗原因。

　　本著述突破了以往對清政府外交政策研究的客觀描述狀態及簡單辨明歷史是非的研究階段，進行了細緻的、技術性的研究；同時沒有就外交論外交，而是把它置於 20 世紀初晚清政治的國內外大背景中去考察，注重對隱藏在對外政策後面的國家利益、特別是經濟利益的揭示，以期對中外關係史研究中的薄弱環節做出補充。

目次

前　言

一、研究的意義

　　20 世紀的最初十年，是清王朝的最後十年，尤其是日俄戰後的 1905～1911 年，更是一個非常時期，雖然正處於清政府的新政之中，但內憂外患交加，危機日深。1905 年日俄戰爭後，中國東北在名義上被歸還中國，而在「事實上一半是俄國的，一半是日本的」。〔註 1〕圍繞中國東北，大國的爭奪十分激烈，東北亞國際關係出現了新的形勢，中國東北因而成爲「遠東的巴爾幹」。日本把維護與擴張在中國東北、朝鮮的利權作爲「帝國的施政方針」，以滿鐵爲工具，企圖將中國東北殖民地化；沙俄把俄日共同分割中國東北作爲其在東北亞戰略的核心；美國不滿日俄對東北利權的壟斷性把持，企圖利用其雄厚的資本打開缺口，在中國東北立足。而英國、德國也因各自的戰略目的及與日本的利害關係，對東北問題備加關注。所有這些，形成了錯綜複雜的國際關係。中國東北一時間處於列強激烈爭奪、重新瓜分的險境之中。東北問題成爲清末政局中一個相對獨立，又甚爲特殊的問題。由於日俄戰爭爆發後，日本成爲大清主要敵國，清政府便尋找制衡力量以抑制日本。而此時的美國正在積極尋找途徑，企圖打進由日、俄分割的中國東北，因此美國成爲清政府的聯合目標。爲挽救東北危機，清政府與覬覦東北市場的美國携手，進行了一系列旨在抵制日俄，尤其是日本的外交活動，因而形成了所謂的聯美制日的外交政策。

〔註 1〕　〔美〕李約翰著，孫瑞芹、陳澤憲譯：《清帝遜位與列強（1908～1912）——第一次世界大戰前的一段外交插曲》，第 12 頁，中華書局 1982 年版。

對這一政策及其當時的國際關係聯繫起來進行分析，是晚清政治史、東北亞國際政治關係史的重要課題。自 19 世紀末，尤其是 20 世紀初開始，中國東北就成了東北亞國際政治關係的焦點。東北問題成爲彼時中國政治發展中的核心問題之一，美日俄等大國圍繞中國東北進行爭奪是影響中國政局的最重要的外部因素，由此造成的歷史影響，在一定程度上左右了東亞國際關係的走向。而且，本研究可以使讀者從一個較爲典型的層面理解什麼是半殖民地外交，從而有助於加深對晚清政治的理解。因此，這一研究，具有一定的學術價值與理論意義。

二、相關研究及其不足

由於與中國東北、日本、東亞的特殊關係，早在 20 世紀初年，美國就已有相關的著作出現。不過這些著作與其說是學術研究，不如說是當時人進行的時政分析，或個人經歷，或具有史料意義的報導更爲貼切。如 Millard. Thomas .F 的《美國與遠東關係》（America and the Far Eastern Question, New York, 1909.）及《我們的遠東問題：美國與東方的接觸與美中關係的傾向》（our Eastern Question: America's Contact with the Orient and Trend of Relation with China, New York, 1916.），兩書的作者曾在 1907 年塔夫脫訪問遠東時擔任過隨員，並兩次訪問過中國東北。自 20 世紀 20 年代後，有學術價值的相關研究開始出現，而在 50 年代至 80 年代呈現出某種繁榮狀態。其中，與清末東北直接相關的有鮑爾·克利德的《1689～1922 年圍繞滿洲的國際競爭》（Clyde, Paul H, International Rivalries in Manchuria1689-1922, Colambus, Ohio, 1926.），這部著作被認爲是第一部涉及到針對中國東北連續的政治密謀的英語學術著作。作者探討了外國對中國東北影響的開端以及日俄圍繞東北的爭奪及其結局、門戶開放政策的由來及 20 世紀頭十年中有關東北的「鐵路政治」的緣起及發展。在東北聯美制日活動中，美國駐瀋陽領事司戴德是個重要的角色，克羅力的《司戴德傳》（Herbert Croly, Willard Straight, New York, 1924.）對這一段史實有詳細的敘述。芝加哥大學出版社於 1929 年出版的瓦爾特·英的《滿洲的國際關係》（The International Relations of Manchuria, by C.Walter Young,The University of Chicago Press.1929.）把圍繞東北而形成的國際關係分爲四個時期：1895 至 1905 年列強的核心問題是對中國貸款和奪取租借地與勢力範圍，這一時期的基本內容可以由美國的「門戶開放」政策來概括；1905

年至 1915 年是第二時期，其核心內容是南滿鐵路的發展、礦山、木材加工、電線鋪設等合約的簽訂、借款和組織辛迪加；第三時期 1915 至 1921 年是歐洲戰爭的反映，各國因戰爭而重新組織同盟，日本對東北的控制得到加強，而列強重新認可了「門戶開放」；1921 至 1929 年是第四時期，主題是華盛頓會議及中日俄各國之間關係的緊張，但同時其他列強在東北政策上新的協定與新的利益也趨於一致。潘的《關係滿洲的美國外交》（American Diplomacy Concerning Manchuria, Stephen C. Y. Pan,.Washington,Catholic University of America, 1938）對 19 世紀末到 20 世紀初美國針對中國東北的外交活動進行了分析，作者指出，美國提出的「門戶開放」的核心是對中國的保全，只有在中國得到保全的情況下，各國才有機會的均等。這個政策並不是一個純粹無私的政策，而是以最小的努力來為美國取得最大的利益。所以，才有美國的積極行動。這類研究還有查理斯・坎倍爾的《特殊的商業利益與門戶開放》（Campbell, Charles, Special Business interests and the Open Door, New Haven, 1951.）該書的主旨是：商業壓力是門戶開放政策產生的主要原因。杰瑞・埃思雅爾的《進步主義與門戶開放：美國與中國 1905～1921》（Jerry. Isreal, Progressivism and the open Door:America and China1905-1921, University Pittsburgh press, 1971）則認為美國對外政策決策者與輿論製造者在支持門戶開放方面是一致的，即認為對這一政策的支持，不僅是為了美國的貿易與投資，同時也是為了 20 世紀初美國各種具有進步性質的改革。查理斯・威維爾 1955 年發表的《美國與中國 1906～1913：財政和外交研究》（Charles Vevier,The United States and China 1906-1913,Rutgers University press,1955.），主要以司戴德的活動為線索，勾畫出了 1906～1913 年間美國政府與華爾街對中國特別是對滿洲的政策，重點是塔夫脫總統執政時期。雖然論述的事件是人所共知的，但作者在政策產生的細節方面有了新的發掘，並有新的闡釋。作者認為司戴德和威爾遜是厭惡日本的，他們企圖抵制日本，並把日本從俄國手中取得的果實奪下來。塔夫脫和諾克斯構建的金元外交是一種「現實主義」的政策，用來改變門戶開放僅僅停留的外交支持狀態。由於俄國人的態度變化，破壞了諾克斯和司戴德各自的計劃。

　　類似研究的共性基本上是從美國的對外政策、特別是門戶開放政策入手，分析其成敗得失及在美國推行此政策的縱橫捭闔、大國圍繞清末東北進行的爭奪。這些研究在資料和立論上都不無可取之處，但就本書涉及的論旨

而言，這些研究顯然不是以此爲重點的，它們對中文資料的徵引不多，不同
程度地忽視了清政府，甚至把清政府視爲完全被動、任憑列強擺布的傀儡。
值得注意的是，在國外的相關研究中，已經有學者在糾正上述的偏差或試圖
更換角度，即以中國的反應與作爲爲主要議題。如羅格·V·德思福杰斯的博
士論文《錫良，一個晚清愛國者的肖像》（Des Forgres, Roger V., His-liang, A
Portrait of a Late Ching Patriot, Yale University, 1971.），這一論文後以《錫良與
中國民主革命》爲題於 1973 年在紐黑文出版，此書對錫良的政治生涯進行了
研究，還分析了他任東三省總督時所進行的種種努力，書中認爲錫良支持美
國，抵制日俄，還認爲他精於各種外交手段。斯蒂芬·R·麥金農的《晚清帝
國的權力與政治：袁世凱在北京和天津 1901～1908》（Mackinnon, Stephen
R, Power and politics in late Imperial China: Yuan Shi-kai in Beijing and Tianjing,
1901-1908, University of California, 1980.）該書在許多方面都標新立異，如認
爲袁世凱在晚清政壇上的實力資源不是他的地方軍事力量，也不是地方上的
保守紳士，而是北京朝廷，是朝廷在新政時期賦予地方的權力。作者甚至認
爲這一時期的清中央政府並不是權力下移，而是充滿活力；北洋軍也非軍事
武裝，而是一支由訓練有素的軍官指揮的近代化軍隊。作者對袁世凱在清末
外交的影響做了肯定，但對他與東北局勢的關係著墨不多。此外，《中國問題
論集》（Papers on China）1959 年號上刊出的《錦璦鐵路與清外交中的諾克斯
計劃》（Robert L.Irick: The Chinchow-Aigun Railroad and the Knox Neutralization
plan in Ching Diplomacy, Papers on China, Vol13, 1959.）及《清政府的滿洲政策
1900～1903》（Kasaka, Masataka, Ching Policy over Manchuria 1900-1903.），前
者論及了作爲清政府聯美制日的核心項目鐵路計劃的出臺及施行情況，後者
闡述 1900～1903 年的清政府在「辛丑條約」後爲挽救東北危機而進行的外交
努力。在這類研究中，最值得重視的是米歇爾·H·漢特的《邊境防衛與門戶
開放：1895～1911 年間中美關係中的滿洲》（Micheal H. Hunt, Frontier Defense
and the Open Door，Manchuria in Chinese——American Relations, 1895～
1911, New Haven and London Yale University Press, 1973.）這部著作細緻地梳理
了清末十餘年間圍繞東北的中美關係的發展脈絡，對中方的反應、政策都有
闡釋，諸如袁世凱、程德全、錫良、徐世昌等人的建議與主張，都進行了述
評。書中認爲，對於少數的但有影響的美國人來說，滿洲是他們「中國夢」
的一個標識，是一處商業利己和利他可以手拉手的地方，他們要建立如此的

一個模式，並推行於整個中國，但無論是約翰·海，還是諾克斯，都不曾重視中國自己的保證滿洲安全的要求。他還提出，在以往的研究中，誇大了司戴德的作用，而且認爲日本在日俄戰後在東北排斥美國商品輸入的說法是不足據的。漢特十年後在哥倫比亞大學出版社出版的另一部著作《中美特殊關係的形成──1914 年前的美國與中國》（項立嶺譯，復旦大學 1993 年出版的中譯本），基本上是第一部著作的縮寫，但增加了若干新的資料與思路。迄今爲止，漢特的著作是與本文議題最相近的著作，由於作者的特殊條件，其對西文資料的利用是國內學者難以企及的，但是其中的不足仍然存在，雖然他指出過去的研究掩蓋了晚清政府提出滿洲政策的動機，但他並沒有對清政府的滿洲政策作出透徹的分析，而是僅僅把這種政策視爲袁世凱等人的做法與主張；關於美日圍繞東北市場而產生的矛盾的尖銳程度，也被淡化了。另外，漢特試圖以一個新的視角解釋美國的對華政策，即美國總是把它的意識形態滲透到政策中，因此它的對華政策帶有「拯救」與「改造」的色彩。但認眞檢驗這段歷史，可以看出，美國對華政策的根本出發點是美國的利益，或許第二位的才是美國的意識形態。而且，與其他西方學者相同，雖然作者以研究的中立、客觀標榜，但是總還是擺脫不掉作者所處的社會、民族與國家的影響，因此這些著作基本上站在本民族與國家的立場上，由此產生的一些結論是中國學者所不能接受的，因此需要進行我們自己的研究。

　　相對而言，國內的研究則薄弱得多。長期以來，學術界對這一段歷史的研究主要以辛亥革命爲主線，對清政府對外政策的研究尙顯單薄，尤其對於聯美制日政策，基本是作爲民國外交的重要內容來研究的，如鄧野就把顧維鈞當作聯美制日第一人看待，說，「顧維鈞是美國對德宣戰後，認爲追隨美國參戰有可能實現與美結友，從而提出聯美制日外交政策的第一人」。「巴黎和會是對聯美制日政策的第一次驗證」。（見《近代史研究》1996 年 6 期：從《顧維鈞回憶錄》看顧氏其人）而本書卻提出，圍繞東北問題，晚清政府已經開始了較用心的聯美制日政策的第一次驗證。

　　國內學術界目前對這一問題的研究只是在若干中國近代外交史、遠東或東北亞國際關係史、中美關係史或近代東北史的著作中略有提及，如顧明的《中國近代外交史略》（吉林文史出版社 1987 年版）、劉培華的《近代中外關係史》（北京大學出版社 1986 年版）、項立嶺的《中美關係史全編》（華東師範大學出版社 2002 年版）、王紹坊的《中國外交史（鴉片戰爭到辛亥革命時

期）》（河南人民出版社 1988 年版）、楊公索的《晚清外交史》（北京大學出版社 1991 年）、崔丕的《近代東北亞國際關係研究》（東北師範大學出版社 1992 年 5 月版）、曹中屏的《東亞與太平洋國際關係史》（天津大學出版社 1992 年版）、王立新的《美國對華政策與中國民族主義運動 1904～1928》（中國社會科學出版社 2003 年版）、陶文釗的《中美關係 100 年》（中國社會科學出版社 2002 年版）、王學良的《美國與中國東北》（吉林文史出版社 1995 年 10 月版）、陳本善等的《日本侵略中國東北史》（吉林大學出版社 1989 年版）、李祥麟的《門戶開放與中國》（商務印書館 1936 年）及各種「帝國主義侵華史」的著作，迄今尚無專著出版。這些著作的結構、論述方式及論點基本相似，多從帝國主義侵華或帝國主義爭奪的角度入手，忽略了對清政府的研究，即使有所涉及，也往往注重對清政府妥協、軟弱乃至「賣國」的指斥上，在論及清末圍繞東北問題的清政府外交時，大都記述簡單。當然其中也有略爲深入的，如王學良的《美國與中國東北》，該著作較多地引用了英文文獻，從論述的細緻與全面方面，超出了其他著作，但從主旨上看仍是以中美關係爲重點，而對清政府則明顯地重視不足，研究深度不超類似的英文著作。臺灣學者的研究雖然在數量上較少，但研究質量相對較高，其中李恩涵的《唐紹儀與晚清外交》（臺灣中央研究院近代史所 1984 年）記述了清末東北聯美制日中的積極分子唐紹儀在晚清外交中的作用，對唐紹儀訪美的來龍去脈闡述詳實。

國內論文的情況要好於著作，尤其是上世紀 80 年代之後，涉及 20 世紀初東北地區大國爭奪及清政府政策的相關研究漸漸增多，據筆者統計，有五十餘篇相關論文。1950 到 1978 年，涉及到 20 世紀初東北地區大國爭奪及清政府政策的論文僅 3 篇。分別是林星：《甲午戰後到辛亥革命期間帝國主義在東三省的鐵路爭奪》，載《歷史教學問題》1959 年第 1 期；李時岳：《清末的招徠政策和美帝國主義的保全主義》，《光明日報》1965 年 10 月 20 日史學版；高鴻志：《1895～1905 年美國對東北的侵略及其同帝俄的鬥爭》，《合肥師院學報》，1963 年第 2 期。其中，李時岳《清末的招徠政策和美帝國主義的保全主義》首次就美國的門戶開放與清政府的反應進行了研究，所謂的「招徠」就是聯美制日政策的核心內容。80 年代後，相關的研究增多，50 餘篇論文中，可分爲三類，一類主要論述以鐵路修建及借款爲核心內容的美日俄等國在東北的爭奪；第二類論述清末東北新政，其中在涉及新政背景時，往往談及清政府的招徠或聯美，並把相關的計劃作爲新政的內容；第三類則重點論述袁

世凱、徐世昌、錫良、唐紹儀等人具體的外交主張及活動，也有幾篇則從客觀上分析晚清政府的對外政策（包括 20 世紀初東北問題）的以夷制夷特點。雖然在數量上較多，但研究的深度尚不能令人滿意，第一類論文在觀點和資料上無大的突破，其基本視角依然是國際關係或列強爭霸，還停留在描述狀態，缺少令人信服的分析，停留在政治批判的層面，對國外的研究瞭解不多，有些完全是重複已有的結論。第二三類論文主要是使研究具象化了，開始探討作爲矛盾的一方——清政府的作爲與努力，但是仍然存在著簡單化的傾向，對清政府及東北大吏，宏觀的批判多，細緻的分析少，不能做整體性剖析；對聯美制日最終失敗的原因分析也表層化。

　　總之，以往的相關研究的成果爲本研究提供了較爲豐富的背景知識，使本研究的開展具有良好的基礎；而直接、具體深入研究的論著之少，使本研究大有餘地。

三、本書的研究思路、研究取向與主要觀點

　　1、對外政策是一個國家在對外關係中所要達到的目的以及爲達到此目的而採取的外交、軍事、經濟、文化等力量與手段的總和。在對外政策中，外交具有最重要的意義，但外交不完全等同於對外政策，它只是執行國家對外政策的一種手段、一個方面。對外政策不僅包括了上述諸方面，同時也受到上述諸方面的制約。因此，對清政府聯美制日政策的研究，不能就外交論外交，而應把它置於 20 世紀初晚清政治的大背景中去考察，從而說明清政府這一政策形成及其結局的深層次原因。

　　2、對外政策的執行是在一國之外發生的，必然受到國際因素的制約，與國際關係有密切的互動。但互動並不是等力的，而是依雙方乃至多方的強弱關係而定。因此，本研究離不開對這一時期東北亞國際關係的考察，以在分析相關列強的對外政策及相互關係中說明清政府對外政策的必然性。

　　3、注重對隱藏在對外政策後面的國家利益、特別是經濟利益的揭示。對外政策固然與國家的制度與階級屬性有關，但本質上是國家利益的體現。國家利益決定了對外政策的方向，國家實力則決定了對外政策實施的力度。本研究深入分析了清政府聯美制日政策的利益動因和實力約束，也注意研究圍繞東北而進行的大國爭奪後面的利益動因，以闡述和分析各大國對華政策特別是對中國東北政策的形成過程。

4、本書認為聯美制日政策反映了清政府不甘心被奴役的禦外傾向，有其可以稱道之處，那種認為自辛丑條約簽訂後清政府就徹底投降於帝國主義、完全妥協賣國的觀點是錯誤的。但對政策合理性的一定程度上的肯定不代表對清政府的肯定，更不代表對 20 世紀清統治的肯定。清政府百般謀略圖有所作為，最終卻失敗的過程說明它已經走上了末路，它的覆亡不是壞人賣國這麼簡單的問題，而是有深層原因的。

5、「以夷制夷」是晚清政府對外政策的一個基本特徵，在聯美制日中猶為明顯。本書對清政府「以夷制夷」的聯美制日外交政策給予了合理的闡釋。首先，本著述指出，利用外交對手的矛盾是國際間政治、外交鬥爭中常用的手段，作為一種外交策略無可厚非。西方學者對「以夷制夷」頗有微詞，甚至認為「以夷制夷」為中國獨有，是中國劣根性的反映，這是完全錯誤的，是一種偏見。其次，清政府聯美制日外交政策的失敗，不在於它使用了「以夷制夷」的策略，而在於它以此為唯一策略。豈知，「以夷制夷」不可獨恃，富有成效的外交必須以有活力的內政與深厚的國力為基礎。再次，本著述指出，清末以來，列強在華勢力相對均衡，因此，到民國初年外交上尚未形成「狹義」的「以夷制夷」的格局，何況是晚清時期？這也是導致清政府聯美制日外交政策失敗的不利因素。

6、本書力圖在研究取向上有所突破，特別注意突破視清政府頑固守舊、對清政府決策不屑一顧的思維模式，注意到對其力圖有所作為一面的挖掘，通過對政策具體實施情況的細節的展示，肯定它不斷通過多種渠道瞭解和認識西方，並以西學知識具體運用於外交實踐中的作為。誠然，清政府它有對抗革命的一面，有緩解西方列強壓力的一面，但這都只是外部因素，從內部來說，它有振作圖強的意願和行動。本書力圖考察一個在實行中的外交政策以及它在實施中所遇到的重重困難。只要外交政策不是一種抽象的東西，要瞭解它就需要對個人、利益集團及政府與它的關係作出闡明，這不是靠簡單地將歷史進程凝固起來所能奏效的，而應當通觀一切影響因素且與歷史進程並進。因此，對所涉及的人物，本書也從相應的角度進行研究，意在說明在清末外交中，個人與朝廷是如何互動的，個人在對外政策實施中的作用和影響。本書在研究取向上尤其著重從清政府角度進行研究，特別注意對其決策過程的探討，以展示過程的複雜性和政策不穩定性。本書既反映了朝廷內部各種政治勢力的鬥爭，也反映了朝廷與地方實力派人物及在野的各種政治勢

力關係，並展示各種影響的力度及效果。

　　自從太平天國運動以後，清朝中央政府權力衰落，地方離心力增大，地方實力派人物不僅影響到中央政府政策的具體實施，甚至影響到中央政府的政治決策。新政時期，資望較深的李鴻章、劉坤一相繼去世，袁世凱、岑春煊等新貴嶄露頭角。袁世凱不僅是中央新政決策的重要參與者，且其領導的東北新政也頗令全國矚目。以袁世凱爲依託的東三省地方大員曾積極運作聯美制日政策。袁世凱失勢後，主政東三省的封疆大吏繼續推行聯美制日的外交活動。本著述考察了他們在聯美制日政策中對清王朝中央決策的參與與影響，同時也對他們在東北運作、推行、實施這一政策的過程給予動態分析，這對於深入認識晚清政局及內政與外交的關係也不無裨益。筆者也希望能對以下幾個問題的解決有所幫助：內政及政爭與國家外交政策運作的關係及影響；個人在對外政策實施中的作用與影響等。

　　作爲一項歷史研究，僅有宏觀的政策評析、理論建構與意義闡釋是不夠的，還必須有深入具體的實證研究，以揭示複雜多樣的歷史本相。本書力圖爲晚清外交史研究提供一項實證性成果，同時也爲觀察晚清時期內政與外交的關係提供一個視角。

　　總之，本著述首次試圖全面、系統地勾畫日俄戰爭後，清政府爲應對東北危機而進行的一系列外交活動的全貌，顯示清政府聯美制日外交政策的基本內容及命運，並對該政策形成的歷史條件、影響這一政策成敗的內外因素，及其蘊涵的歷史經驗教訓進行分析，對其合理性予以肯定，且做出實事求是的客觀評價，以期對中外關係史研究中的薄弱環節做出補充。儘管筆者努力進行深入研究，但由於學識所限，本書肯定有各種不足之處，敬請各位專家學者批評指正。〔註2〕

〔註2〕這裏需要說明的是，由於語言的問題和研究的具體環境所限，本書在現有成　　　果及資料的搜集上，還有難以克服的困難。就本論題而言，日文及俄文的成　　　果與資料同樣是重要的，儘管相對於英文而言，二者較少（根據復旦大學汪　　　熙教授的統計，到 1999 年的近百年中，日本研究中美關係的著作僅二種）。　　　因筆者沒有能力直接閱讀日文及俄文形成的文獻，這也是本文以美中外交互　　　動爲主要內容的一個主要因素。同時，筆者盡力利用已譯爲中文的日、俄文　　　著作，並直接使用了師友幫忙翻譯的日、俄文文獻。

第一章　遠東巴爾幹的形成

從 20 世紀初開始，位於歐亞非三大洲連接處的巴爾幹半島成為各種國際矛盾的交彙點：俄德奧矛盾、英德矛盾、奧意矛盾和巴爾幹各小國與奧斯曼土耳其的矛盾，以及奧匈與俄國的矛盾、塞保、保希矛盾等。而在遠東，也醞釀著一個與之相類的矛盾交織、國際關係錯綜複雜的地區，這就是位於東北亞的中國東北地區，尤其是在日俄戰爭之後，圍繞中國東北的各個列強之間的矛盾更加突出，因而，中國東北被稱為「遠東巴爾幹」。

一、日俄等列強在中國東北的角逐

從地域範圍上看，東北亞地區包括中國東北、朝鮮半島、東西伯利亞、阿留申群島、堪察加半島和千島群島等，即整個環北太平洋地區，這個地區經濟價值巨大，且是前往中國腹裏內陸或日本本土、歐俄及美洲的跳板，具有重要的戰略地位，因而從 19 世紀中葉起，東北亞就逐漸成為列強角逐的重要場所，幾乎所有資本主義大國無不以各具目的的方式參與進來，尤其是俄日兩國在朝鮮、中國東北的矛盾與鬥爭，成為東北亞國際關係中最突出的現象。

早在德川幕府時期，就有左藤信淵、吉田松陰等人主張將中國東北據為日本所有，他們提出了「海外雄飛」的論調，主張要征服中國先從滿洲下手，然後再向北京、南京、華南等地進軍，如此「數十年間中國全數底定」。〔註 1〕1868 年明治維新之後，尤其在 19 世紀的最後 20 年，日本近代資本主義經濟

〔註 1〕 左藤信淵：《混同秘錄》，載《日本思想大系 45.左藤信淵》，第 426 頁，日本岩波書店，1982 年版。轉引自《近代日本「滿蒙政策」演變史》，1 頁，薛子奇、劉淑梅、李延齡著，吉林人民出版社 2001 年版。

有了長足的發展，但日本是一個土地狹小、資源貧乏的國家，單純依靠經濟力量無力與英美等國競爭，爲滿足進一步發展的需要，日本著力發展軍國主義，用對外侵略的手段奪取國外商品和原料市場，來發展資本主義。因而，對外侵略擴張成爲舉足輕重的大事。與日本近鄰的朝鮮和中國東北成爲它首先關注的目標。早在 19 世紀的 70 年代，日本就急欲吞併資源豐富的朝鮮，並企圖以朝鮮爲跳板，向中國本土擴張。1876 年，日本海陸軍開赴朝鮮，武力脅迫朝鮮簽訂了《江華條約》，獲得了通商、租地、領事裁判權和在朝鮮沿海自由航行等特權，開始全面向朝鮮滲透，並開始與清政府激烈爭奪對朝鮮的宗主權。在政治體制上，日本確立了近代天皇制。1878 年 12 月 5 日，日本設立參謀本部，制定了參謀本部條例，參謀本部直屬天皇，專司用兵作戰的軍令。日本的近代天皇制「從誕生起就具有濃厚的軍國主義傾向。參謀本部的設立，便正式宣告天皇制採用軍國主義」。〔註 2〕參謀本部部長山縣有朋，成爲日本軍國主義的創始人。

1879 年後，日本的軍國主義代表人物瘋狂叫囂爲征服「滿洲」而擴軍備戰，出現了《對清作戰策》、《支那地志》、《鄰邦兵備略》等一批鼓吹侵華戰爭的書。1882 年，山縣有朋提出以中國爲目標的軍備擴張計劃，指出：「今若不恢復我邦尙武之遺風，擴張陸海軍，以我帝國擬一大鐵艦向四面展現實力，並以剛毅勇敢精神運轉之，則雖輕侮我邦之附近直接外患（中國），必將乘我之弊。若至於此，則我帝國將與誰維持其獨立？與誰共語其富強？故曰：謀陸海軍之擴張，乃當今之急務，政府所宜孜孜於此者。」〔註 3〕1887 年，滿蒙政策被日本定爲向中國東北擴張的基本國策。1890 年，山縣有朋出任日本內閣首相後撰寫了《外交政略論》，指出：我邦利益之焦點實在朝鮮，西伯利亞鐵路業已進展至中亞細亞，不出數年即將竣工，由俄都出發十數日即可飲馬黑龍江，吾人不可輕忘西伯利亞鐵路完成之日，即朝鮮多事之時；亦不可忘記朝鮮多事之時，即東洋發生變動之機。〔註 4〕山縣有朋聲稱，朝鮮和中國東北、臺灣等地，「是與日本的安危密切相關的地區」，是日本的「生命線」。〔註 5〕他因此提出了「利益線」與「主權線」的擴張主義理論，把朝鮮與日本的利害關係提高到前所未有的程

〔註 2〕 井上清：《日本近代史》（上冊），第 100 頁，商務印書館 1962 年版。
〔註 3〕 大山梓：《山縣有朋意見書》，第 119～120 頁，原書房 1966 年版。
〔註 4〕 大山梓：《山縣有朋意見書》，第 196 頁。
〔註 5〕 大山梓：《山縣有朋意見書》，第 203 頁。

度。山縣強調朝鮮是日本的「利益線」，因為要獨占「滿蒙」，必先吞併朝鮮，朝鮮為日本攻取滿洲的橋梁。山縣有朋的意見均得到日本天皇的支持，日本積極準備針對中國東北而實施的擴軍備戰的措施。隨著日本在朝鮮的勢力的膨脹（1882 年脅迫朝鮮政府簽訂了《仁川條約》，獲得在漢城的駐兵權；1885 年與清政府簽訂《中日天津會議專條》，規定朝鮮今後若發生重大變亂，中日兩國或一國需要出兵朝鮮，必須事先相互知照，日本獲得了與中國對等的權利，進一步加強了它在朝鮮的地位），它對中國的野心也日益膨脹。1891 年俄國西伯利亞大鐵路正式動工，這使日本大為震驚，本著既定的對外侵略國策，日本政府決心搶在俄國之前奪取朝鮮和中國東北。1894 年日本軍國主義為打開通向「滿蒙」之路，終於發動了甲午戰爭，強迫清政府簽訂了《馬關條約》，該條約主要內容是：一，中國割讓遼東半島、臺灣全島及其附屬各島嶼和澎湖列島給日本；二，清政府承認朝鮮「獨立自主」，朝鮮終成為日本的殖民地；三，賠償日本軍費二億兩；四，日本臣民得在中國口岸、城邑、任便從事各項工藝製造，又得將各項機器任便裝運進口，製品免徵一切雜稅；五，開放沙市、重慶、蘇州、杭州為商埠，日船可以沿內河駛入以上各口。（附：次年，通過中日《通商行船條約》二十九款，日本取得了在華領事裁判權和最惠國待遇。）

　　《馬關條約》中重要的一款是將遼東半島割讓給日本，因為日本取得遼東半島破壞了遠東的國際均勢，影響了列強在中國乃至亞洲的利益，它首先刺激了覬覦遼東半島已久的俄國，俄國在得知日本割占遼東半島的消息後，表示強烈反對，並立即召開特別會議，會議認為，日本佔有遼東半島，「將直接威脅俄國」，「因此，必須試用外交方式使日本政府放棄滿洲。假使此種企圖不能成功，則可應用武力」。「這樣，我們就可成為中國的救星，中國會尊重我們的效勞，因而會同意用和平方式修改我們的國界」，「否則，我們將佔領滿洲。」〔註6〕因此，俄國積極行動，作為主謀策動法德兩國，以互相保證對華侵略利益為條件而勾結起來，分別向日本政府發出必須退還中國遼東半島的照會，並限十五日答覆。同時，三國軍艦聽命待發。在戰爭中筋疲力盡的日本，面對態度曖昧不明的英美，只得被迫接受俄法德三國的「勸告」。通過三國干涉還遼，日本不得已吐出了到口的肥肉。日本歸還遼東半島不久，俄國卻取而代之，從清政府手中強租旅順、大連，並取得了修築東清鐵路及

〔註 6〕張蓉初編譯，《紅檔雜誌有關中國交涉史料選譯》，第 152～157 頁，三聯書店1957 年版。

其支線的特權，充分暴露了它干涉還遼的眞實意圖。俄國這樣做無疑會引起把稱霸東亞作爲國家發展方向的日本的仇視。日本對外政策的核心就是奪取東亞霸權，它與歐美各國的關係也無不以此爲軸心。當然，在俄國的遠東政策中，滿洲問題也不僅僅是一個邊界問題，而是作爲俄國侵入中國內地的出發點的。俄國遠東政策的主要內容是：佔領朝鮮和中國長城以北的廣大地域，進而與英、美、日等國家爭奪太平洋的霸權，在遠東稱霸。它大致有三個步驟：一是向遠東大規模移民，以鞏固對黑龍江以北和烏蘇里江以東地區的佔領；二是興建西伯利亞大鐵路，把莫斯科與遠東的港口海參崴連接起來；三是在中國東北和朝鮮尋求一個不凍港。這使得俄國與在華擁有巨大利益的英國在中國東北展開爭奪，在朝鮮與日本也開始了新的較量。

但是甲午戰後的清政府卻只看到日本的危險性，幻想依賴俄國抵制日本，「仇日、疏英、聯俄」成爲這一時期清政府的外交原則。1896 年中俄訂立了《禦敵互相援助條約》（即《中俄秘約》），其中除規定中俄對日軍事同盟外，還允許俄國建造由黑龍江經吉林達海參崴的東清鐵路。同年 8 月，俄國又以「中俄合辦」的名義成立華俄道勝銀行，負責建造和經理該路。1898 年 3 月，俄國又以德占膠州灣爲藉口，強占旅順、大連，清政府被迫簽署《旅大租地條約》，以 25 年爲期，將旅順、大連租給俄國，並允許俄國修築東清鐵路由哈爾濱至旅順的支線，即南滿鐵路。（《旅大租地條約》分爲九款，主要內容是這樣：一、中國允將旅順口、大連灣及其附近水面租與俄國。租地期限二十五年。二、租地內所有軍政、行政大吏全歸俄管。中國不得在界內駐軍，界內華民去留任便，如有犯罪，交就近中國地方官按律治罪。三、租地界限以北定一隙地，隙地之內的行政由中國官員治理，中國軍隊非經俄官同意不得進入。四、旅順口、大連灣只准中俄兩國使用，其餘地方作爲通商口岸，各國商船均可自由停泊。俄國在租界內，有權興建營房炮臺等軍事設施。五，中國允許東方鐵路公司築一支線到大連灣，必要時可展至營口與鴨綠江口。六、本條約以俄文本爲準。） 〔註 7〕 1898 年 5 月，中俄又訂《旅大租地續約》六款，規定：「租與俄國之旅順口及大連灣遼東半島陸地，其北界應從遼東西灣亞東灣（普蘭店）之北穿過亞東山脊（山脊亦在俄國租界內）至遼東東岸之皮子窩灣北盡處止。租界附近水面及陸地周圍各島均准俄國享用。」「所定隙地，其北界線應從遼河兩岸蓋州河口起，經岫岩城北至大洋河沿河右岸至

〔註 7〕 朱壽朋編，《光緒朝東華錄》，第 4 冊，總第 4064 頁，中華書局 1958 年版。

河口，此河亦在隙地內。」〔註8〕1898 年 7 月，俄又強迫清政府接受《續訂東省鐵路支線合同》七款，主要內容為：東清鐵路由哈爾濱展至旅大，名為東清路南滿支線。中國允許東清鐵路公司輪船可在遼河、營口及隙地各海口行駛，可在沿途官地林場採伐木材，可在南滿支線沿途開採煤礦，俄國可在租界內酌定稅則等。〔註9〕1898 年 8 月，俄國強占旅大後，在旅順設立軍事殖民統治機構關東總督府。中國的遼東半島，儼然成為俄國領土的一部分。就這樣，在共同抵禦日本的幌子下，俄國修築中東鐵路（東清鐵路）及南滿支線，租借旅大地區，與英國瓜分中國東北鐵路利權，武裝佔領中國東北，直至要求清政府將東北的政治、經濟、軍事各項主權完全交給它控制。清政府的「聯俄」政策，宣告破產。

到 1900 年 7 月，俄國利用八國聯軍侵華之機，派十幾萬軍隊兵分七路先後侵入中國東北地區。11 月 11 日，俄軍強迫清政府盛京將軍增祺簽訂《奉天交地暫且章程》，該《章程》九款，主要內容是：一、「增（祺）將軍回任後」，「務使興修鐵路毫無阻攔破壞」。二、「奉天省城等處，現留俄軍駐防」，將軍「應與俄官以禮相待，並隨時盡力幫同，譬如住宿處所及採買糧食等事」。三、奉省軍隊，「一律撤散，收繳軍械」。四、「瀋陽應設俄總管一員」，辦理「交涉事宜，凡將軍所辦要件，該總管應當明晰」，等。〔註10〕該《章程》完全剝奪了作為主權國家應有的權利，充分表露了俄國獨占中國東北的企圖，也引起了世界輿論的強烈反響。清政府在內外壓力下，宣布對《奉天交地暫且章程》不予承認。

俄國獨占中國東北的企圖加劇了它與列強間的矛盾，尤其是使日俄關係惡化了。但其實，各列強是別有懷抱的。日本擔心其在朝鮮的地位受到威脅，更仇視俄國阻礙了它的北進。英國擔心沙俄勢力據此南下影響它的在華利益，企圖阻止俄國在遠東的擴張。

覬覦中國東北市場的美國資本家們，因擔心有被俄國趕出東北的危險，就曾於 1898 年 1 月，由華美合興公司牽頭聯絡其他從事對華貿易的商業團體成立了「美國亞洲協會」，敦促美國政府重視中國事態的發展，但當時美國政府正在全力發動對西班牙戰爭，無力顧及中國東北問題。到 1898 年的

〔註 8〕　朱壽朋編，《光緒朝東華錄》，第 4 冊，總第 4075 頁，中華書局 1958 年版。
〔註 9〕　朱壽朋編，《光緒朝東華錄》，第 4 冊，總第 4175 頁。
〔註 10〕　王彥威纂輯、王亮編，《清季外交史料》（光緒、宣統朝），卷 144，第 17～18頁，書目文獻出版社 1987 年版。

年底，美西戰爭結束，美國取得了菲律賓，不僅商業界要求政府對華採取更有力的行動，而且美國海軍也對在中國設立加煤站或基地產生了興趣，並將公眾的注意力吸引到東亞方向上來，「其程度甚至超出美國亞洲協會中的政論家和院外集團成員的希望」。〔註11〕隨即在 1899 年，美國終因擔心中國東北門戶徹底關閉，不利於其在該地區的貿易，首次提出對華門戶開放的照會。後來在美國同中國締結的新商約中，又規定開放奉天和安東等處商埠，這都是美國對俄國企圖關閉滿洲門戶所進行的外交上的抗爭。德國則想通過使俄國陷入遠東事務，分散俄國對歐洲和近東的注意力，以達到削弱法俄同盟的目的。而英、德兩國又都想假日本之手來牽制俄國，只是兩者採取的策略和目的大相徑庭。英國想借日本力量把俄國勢力排斥出中國東北，德國則挑撥俄日關係，以使俄國無法分身在歐洲支持法國。〔註12〕早在 1893 年和1894 年，《法俄軍事協定》經法俄兩國政府批准後，法俄同盟正式成立，俄國因找到一個牽制德國的盟友，使其在歐洲的地位有所加強，從而得以抽出更多力量在遠東、中亞地區進行擴張。1900 年 7 月，法俄修改同盟條約，其中規定：「如英國進攻法國，俄國就將在阿富汗和英屬印度的邊境進行戰術牽制以援助法國，」如果英國進攻俄國，「法國能在拉芒什海峽沿岸集中十萬到十五萬人進行牽制以援助俄國。」〔註13〕法俄同盟的矛頭直指英國。

而對朝鮮和中國東北一直抱有野心的日本，對干涉還遼的主謀俄國心懷宿怨，也正積極尋找同盟，準備對俄戰爭。這樣，英日基於反俄的共同立場而於 1902 年 1 月簽訂了《英日同盟條約》，條約規定，締約國雙方相互承認有權保護自己在中國和朝鮮的利益；一旦締約國一方爲了保護本國在中國和朝鮮的利益而與第三大國作戰時，另一方嚴守中立；如締約國一方與兩個或兩個以上的大國作戰，另一方應負有軍事援助義務。英日同盟是對俄國政治和經濟上的全面進擊。這一軍事同盟緩解了俄國在中亞對英屬印度的威脅，也消除了日本對德或法在日俄開戰時加入俄國一邊的憂慮。

〔註11〕孔華潤著，張靜爾譯：《美國對中國的反應》，第 40 頁，復旦大學出版社 1989年版。
〔註12〕參見崔丕：《近代東北亞國際關係史》第三章第 2 節：日俄爭奪中國東北和朝鮮的帝國主義戰爭，176 頁始，東北師範大學出版社 1992 年版。
〔註13〕〔蘇〕赫沃斯托夫編：《外交史》（第 2 卷，下冊），第 644 頁，三聯書店 1979版。

此後，德國外交竭盡全力與俄國接近，以促使俄國撕毀俄法協約；法國既需要俄國的同盟，以在歐洲大陸上箝制德國，又不能冒險同英國作戰，從而使德從中漁利，這樣就促使法國或使日俄和解，或與英國和好，把英國從日本一邊拉走，但日英同盟迫使法國公開宣布與英爲敵。只是事實上，法國外交已轉向英法和解。〔註14〕這樣，英日聯盟反成爲英法協約的前奏，俄法協約在中國東北就無法構成對日本的威懾了，反使俄國失去了有力的支持。

英日聯盟也使此時的清政府轉向聯日英制俄。

到1902年4月，迫於英日結盟後的國際壓力，俄國終於與清政府簽訂了《交收東三省條約》。條約規定，東三省仍爲中國版圖，中國賠償修路費；俄軍在條約簽字後18個月裏分3期撤走，但規定俄軍撤走前，「東三省不另添練兵」，俄軍撤完後，東北酌增兵力，要「隨時照知俄國」；交還山海關、營口、新民屯鐵路，但同時規定，中國「毋庸請他國保護維修」和「他國占據」。〔註15〕《交收東三省條約》的簽訂，是俄國企圖動用嚴密的金融資本壟斷組織變中國東北爲獨占市場計劃的失敗，但是，俄國保留了對東北軍警的干預權和獨占東北鐵路的特權，爲其「耍賴」埋下伏筆。緊接著，俄國就在實行中修改並策劃撕毀《交收東三省條約》。第一期撤軍未完即暫停，又提出第二期撤軍的七項新條件（中國不能將滿洲領土租借或割讓他國，俄國撤出地區不得辟爲通商港等）。1903年6月，清政府斷然拒絕了沙皇破壞撤兵協定提出的七項新要求。但俄國政策的本意就是要繼續佔領東三省，而俄國國內別佐布拉佐夫集團的崛起直接導致了俄國重新在東北問題上進行種種逼壓，同時又擴大了俄日在滿朝問題上的衝突面，加速了日俄戰爭的到來。

而清政府利用日英所施的壓力，尤其是依賴日本對付俄國的手段，在當時一定程度上保全了東北主權，但沒料到的是日後同樣又給了日本以可乘之機。日本此間多次警告清政府，不得對俄國的要求讓步，卻於1903年強迫清政府簽訂《中日行船續約》，獲得在中國內河航行權，並獲得奉天、大東溝兩個重要據點。〔註16〕

日俄在1903年8月到1904年2月前，圍繞兩國在中國東北和朝鮮的地位、

〔註14〕參見崔丕：《近代東北亞國際關係史》第三章第2節：日俄爭奪中國東北和朝鮮的帝國主義戰爭，176頁始，東北師範大學出版社1992年版。
〔註15〕《光緒朝東華錄》第五冊，總第4844～4845頁。
〔註16〕《光緒朝東華錄》第五冊，總第5084～5086頁。

權益，進行了一系列外交協商和談判。日本要求無條件獨占朝鮮，有保留地承認俄國在滿洲的地位；俄國卻要求無條件獨占滿洲，有保留地承認日本在朝鮮的地位。雙方各執一端，難以談攏，日本遂決定用戰爭手段解決問題。

　　1904 年 2 月 7 日夜，日本海軍不宣而戰，偷襲俄國停泊在旅順口與仁川的艦隊，為爭奪中國東北和朝鮮、謀求遠東霸權的日俄戰爭在中國東北土地上爆發了。雙方各自動員的兵力都近百萬，戰爭規模巨大。這是日本北進政策和俄國遠東政策相衝突的產物。英美法德宣告「中立」，但是此中立的含義只限於不直接介入戰爭這個層面上，實際上，俄日戰爭也集中反映了英日美和俄德法在東北亞的利害衝突。

　　日俄戰爭中，日本得到了英國與美國的大力支持。美國早在戰前就警告德法兩國不得介入日俄衝突和支持俄國，否則美國就將加入日本一邊。英國則警告土耳其，不得讓俄國的黑海艦隊通過達達尼爾海峽去旅順口援助俄國太平洋艦隊。另外，英美兩國給予了日本大量的貸款和戰略物資，日本戰費的一半以上都是靠外債籌借的，美國成為日本最大的債權國。而俄國則勢單力孤。俄國的盟國法國不希望俄國在遠東被戰爭牽絆，因為那樣必削弱俄國在歐洲的力量，德國則一邊極力慫恿俄國把在歐洲的部隊派往亞洲，卻一邊向日本提供軍需品，獲取暴利。總之，雖是日俄戰爭，列強或左右逢源，或有所偏袒，都在一定意義上參與其間。中國東北真正成為了國際鬥爭的角逐場。積弱無力的清政府，自稱「局外中立」，聽任日俄侵犯中國主權，掠奪、屠殺東北人民，使中國成為最大的受害者。

　　戰爭進行到 1905 年 5 月時，俄軍在陸海戰場均遭失敗，日本也感到國力枯竭，希望停戰。日本雖然在軍事上勢如破竹，節節勝利，但其財政、軍事的基礎很脆弱。俄國陸軍後備力量雖然雄厚，但在財政上與日本一樣窘困，尤其嚴重的是，國內民眾革命運動高漲，沙皇專制制度陷入危機。同時歐洲國際關係的變化也間接促使了日俄和談的發展。1905 年 3 月，法國因第一次摩洛哥危機與德國發生對抗，法國希望俄國儘早從遠東脫身。而英美也擔心日本勢頭過大危及自身。於是，1905 年 5 月 31 日，日本政府正式請求美國總統西奧多‧羅斯福出面調停時，美國總統正式開始出面調解戰爭。早在 1904 年 6 月，羅斯福就向日本特使金子堅太郎表示了斡旋日俄和談的意願。12 月 27 日，羅斯福已作出「明確的結論」，即他應該擔負起調停的責任。〔註17〕他

──────────

〔註17〕T.Dennett, Roosevelt and the Russo-Japanese War, Gloucester, 1959.p.173.

這樣做是爲了使日俄兩國在東北亞處於一種相互對抗的狀態中，以加強美國在東北亞的影響。他主張，「日本應對朝鮮建立保護國，應取得俄國享有的旅順及其周圍的權利」，但要「把滿洲歸還中國」。〔註18〕1905年初，羅斯福將他的意見分別通知英法兩國，希望通過英國影響日本，通過法國推動俄國。對於美國提出的繼續保持滿洲門戶開放政策、並以之歸還中國的要求，小村壽太郎於4月25日對此作出了明確的保證。〔註19〕對於俄國，羅斯福則主張，要「防止俄國從整個東北亞被趕走」。〔註20〕

　　1905年8月9日～29日，日俄和談在美國的樸茨茅斯城舉行。由於英美的干涉和俄國的讓步，日俄於9月5日簽訂了《樸茨茅斯條約》，10月14日兩國政府互換批准。

　　日俄和約的主要內容有6項：

（1）俄國承認日本在朝鮮有「指導、保護、監理」之權，凡屬日本認爲必要的措施，俄國不得阻礙干涉；

（2）俄、日兩國同意在18個月內從中國東北撤軍，兩國軍隊所佔東三省地方交還中國；

（3）經中國允許，俄國將旅順、大連灣及其附近領土領海之租借權轉讓日本；

（4）俄國將寬城子至旅順口間之鐵路轉讓日本；

（5）日俄兩國「爲保護鐵路」，在各自經營的鐵路沿線，每公里配備15名守備軍；

（6）俄國將北緯500以南的庫頁島割讓給日本，並允許日本在濱海州沿岸享有捕漁權。〔註21〕

　　總之，通過《樸茨茅斯和約》，俄國承認日本在朝鮮享有特殊的權益；日本獲得了庫頁島南部及其附近一切島嶼；日本取得了旅順和大連的租借權、長春至旅順的南滿鐵路及其支線的管轄權；日俄可在各自的鐵路線上駐兵護路。這樣，日俄兩國無視中國主權的存在，擅自作出了分割中國東北的決定。

　　日俄戰後，造成了日本占據中國東北南部，俄國佔有東北北部的分據局

〔註18〕Roosevelt and the Russo-Japanese War ,p.161,p.162.

〔註19〕Roosevelt and the Russo-Japanese War ,p.179.

〔註20〕Roosevelt and the Russo-Japanese War ,p.202.

〔註21〕外務省編：《日本外交年表及主要文書》上卷，第245～248頁,原書房1969年版。

面。1905 年 7 月 27 日，桂太郎和美國陸軍部長塔夫脱交換了秘密備忘錄，主要內容爲日本承認美國在菲律賓的特殊地位，日本對菲律賓「不抱任何野心」，美國同意日本在朝鮮建立宗主權，成爲朝鮮宗主國。〔註 22〕

朝鮮的獨立地位被剝奪了。1905 年 8 月 12 日，英日簽訂了期限爲 10 年的第二次《日英同盟條約》，日本承認英國在中國的利益和爲保衛其殖民地印度而有權在該屬地邊境附近採取一切必要措施；英國承認日本有權在朝鮮爲保衛和發展其「政治、軍事及經濟上的卓越利益」而採取「指導、監理及保護措施」。〔註 23〕

通過《樸茨茅斯和約》《桂太郎——塔夫脱協定》《英日同盟條約（與英修訂）》，日本完全借勢崛起了。

1905 年 11 月，日本逼迫朝鮮簽署了第一次《日韓協約》，主要內容有三項：

（1）今後朝鮮對外關係及事務悉由日本外務省（部）監理指揮，朝鮮在外國的僑民悉由日本駐外代表及領事保護。由日本政府負責履行現存朝鮮與外國簽訂的條約。今後不經日本政府同意，朝鮮政府不得簽訂任何國際條約和協定。

（2）日本政府在朝鮮派駐一名統監，作爲自己的代表。統監駐在漢城，有覲見朝鮮皇帝的權利。日本在朝鮮各口岸及認爲必要的其他地方派駐理事官，理事官在統監指揮下，行使過去屬於日本領事的一切職權，並掌管本「協約」的完全實施。

（3）日本和朝鮮之間的現存條約及協定，凡屬不與本協約條款有牴觸者，繼續生效。〔註 24〕

嗣後，日本即在朝鮮設立了統監府理事廳，任命伊藤博文爲第一任朝鮮統監。朝鮮從此完全淪爲日本的「保護國」。

1905 年 11 月，小村外相率員來華同清政府代表奕劻、瞿鴻磯、袁世凱談判，會議 22 次，最後於 12 月 22 日簽訂了《中日會議東三省事宜條約》正約 3 條，附約 12 條，及附屬規定 16 款。正約中規定，中國同意《樸茨茅斯和約》第五、六兩款讓與日本的權利，附約中又規定了許多額外獲取的新權益。

〔註 22〕 Roosevelt and the Russo-Japanese War , p.112-114.

〔註 23〕 外務省編：《日本外交年表及主要文書》上卷，第 241 頁。

〔註 24〕 外務省編：《日本外交年表及主要文書》上卷，第 252、253 頁。

具體而言，《中日會議東三省事宜條約》關於承認《樸茨茅斯和約》中俄國讓步於日本權益方面，包括：

正約第一款：中國將俄國按照日俄和約第五款及第六款允讓日本之一切，概行允諾。

正約第二款：日本承允按照中俄兩國所訂借地及造路原約實力遵行，嗣後遇事隨時與中國妥商釐定。

附約第二款：因中國政府聲明，極盼日俄兩國將駐紮東三省軍隊及護路隊從速撤退，日本國政府願副中國期望，如俄國允將護路隊撤退或中俄兩國另有商定妥善辦法，日本政府允即一律照辦。又如滿洲地方平靖，外國人命產業，中國均能保護周密，日本國亦可與俄國將護路兵同時撤退。

附約第三款：日本國軍隊一經由東三省某地方撤退，日本政府應即將該地名知會中國政府，雖在日俄和約續加條約所訂之撤兵期限以內，即如上段所開，一准知會日本軍隊撤畢，則中國政府可在各該地方酌派軍隊，以利地方治安；日本軍隊未撤地方，倘有土匪擾害閭里，中國地方官亦得以派相當兵隊前往剿捕，但不得進距日本駐兵界限二十華里以內。

其次，有關滿洲鐵路利權的規定如下：

附約第六款：中國政府允將由安東縣至奉天省城所築之行軍鐵路，仍由日本政府接續經營，改為轉運各國工商貨場，自此路改良竣工之日起，以十五年為限。

附約第七款：中日兩國政府為圖來往輸送均臻興旺便捷起見，有關南滿鐵路與中國各鐵路接聯營業章程務須從速另訂別約。

附約第八款：中國政府允南滿鐵路所需各項材料，應豁免一切稅捐、釐金。

附屬規定第一款：吉長鐵路由中國自行籌款築造，不敷之款允向日本國貸借，約以半數為度；其借款辦法，屆時仿照山海關內外鐵路局向中英公司借款合同參酌商訂，以 25 年為償還完畢之期。又吉林地方之鐵路敷設權中國政府不得讓與他國，亦不得與他國共同敷設鐵路。

附屬規定第二款：由奉天省城至新民府日本所造行軍軌道應由兩國政府派員公開議價售與中國，另由中國改為自造鐵路，其在遼河以東所需款項向日本公司貸借一半之路，分 18 年為借款還清之期；其借款辦法屆時仿照中國山海關內外鐵路局向中英公司借款合同參酌商訂。

附屬規定第三款：中國政府爲保障南滿鐵路之利益，於該鐵路尚未回收前，應允在該鐵路附近，不修築與之平行之幹線或妨礙該鐵路利益之幹線。此外，在攫取滿洲經濟利權方面，也有苛刻規定：

附約第十款：中國政府允許設一木材公司在鴨綠江右岸地方採伐木材。

附屬規定第六款：奉天省內鐵路附屬礦業，無論是否已開採，均應商定公平詳細之章程，俾便相互遵守。

附屬規定第七款：奉天省內之陸上電線及旅順烟臺間海底電線之接續交涉事務，應由兩國協議依需要隨時處置之。

關於開闢商埠方面的規定如下：

附約第一款：中國應允日俄兩國軍隊撤退後從速將下開地方自行開埠通商：

奉天省：鳳凰城，遼陽，新民屯，鐵嶺，通江子，法庫門。

吉林省：長春，吉林，哈爾濱，寧古塔，琿春，三姓。

黑龍江省：齊齊哈爾，海拉爾，瑗琿，滿洲里。〔註25〕

就這樣日本將東北南部納入其勢力範圍，不僅控制了東北門戶，取得了東北重要資源的開發權，而且取得南滿鐵路及安奉、吉長、新奉鐵路的經營管理權，甚至獨占權。以此爲基礎，日本加大了其在滿洲的侵略力度。

《日韓協約》和《中日會議東三省事宜條約》是《樸茨茅斯和約》的繼續和補充。從此，日俄在朝鮮半島的均勢被日本的獨占所取代，而俄國獨霸中國東北的局面則被日俄南北對立的局面所取代，看起來，東三省的開放，給英美資本勢力的滲透打開了大門，中國東北作爲「遠東巴爾幹」的地位趨於確立。

二、日俄戰後中國東北的危殆局面與列強爭奪的進一步加劇

1906 年，日本駐華公使內田康哉轉呈加藤高明外務大臣的、盛京將軍趙爾巽的抗議函中有言：日本人在營口、大東溝等處，強買民地，率至數里數十里，木材公司尚未簽合辦章程，鴨綠江一帶已遍設木材廠，迫令入山伐木之華人向其領票。復州鹽灘，強往運鹽，不納捐項；昌圖軍政官於昌圖府城、小塔子、通江口、棉花街等處抽取車捐，安固、沙河鎮，捐尤繁瑣，徵及丁

〔註25〕外務省編：《日本外交文書》，第 38 卷，第 1 冊，第 156～163 頁，日本國際聯合協會 1960 年版。

口。營口獨攬裁判權，甚至往他處開提據證，而海城、蓋平本營之地方官反不能傳人審訊。各處軍政憲兵或拘人判禁，或淩逼委員，似此涉及商務捐款民事，斷非軍權所應有，日人均不應干預。又駐遼男爵大島，現仍有總督名目，遇有應商事件，種種爲難等因，日本軍政官各項舉動，實爲現定條約及全權議約時聲明勿再有干預中國吏治、損害人民產業等語宗旨，多相刺謬，遼東總督亦與旅大原約不合。以上各節，既大礙中國主權，且有傷日本名譽，統希磋商外部約束照改，遇事妥商……。〔註 26〕從中可見日本在東北的強橫之一斑。

日俄戰後，日本在中國東北南部的地位，外因其在朝鮮的侵略優勢的確立而加強，內因其大肆侵犯中國主權、在東北推行殖民統治而鞏固。日本在東北鞏固其侵略權益的主要措施，一是以關東都督府爲中樞對南滿洲實施軍政統治；一是以南滿洲鐵道株式會社爲大本營對東北進行全面侵略，尤其是經濟掠奪。

日本接管中國遼東半島南部舊沙俄租借地作爲關東州。1905 年 6 月，日本根據它的第 156 號敕令，在大連設立關東州民政署，隸屬日本滿洲總兵站總監。早在戰爭期間，日本就已在東北南部軍事佔領區分設軍政署進行軍事統治。1905 年 10 月，日本在遼陽建立「關東總督府」，將原滿洲總兵站總監所轄各部隊、軍政機關及關東州民政署收歸直轄。〔註 27〕

關東總督府建立後，制定的《軍政實施要領》中有：

第一，軍政署（含軍務署）之本職在於執掌軍政，保護居民，在我軍隊及人民與清國官兵之間擔當交涉折衝之任，但在設置領事館之地不干涉領事之職域。

第二，執行軍政之標準專在達到軍事上之目的，獲取與維護我之利權，以期居民之發展，故當局者應注意勿脫離此故道。

第三，執行軍政之方針雖應積極，但只要情況允許，則應採地方主義，對清國官民溫和懷柔，但如逢我獲得利權之良機則不應放過，對於實現軍事目的有益者應堅決實行之。（第四、五從略）〔註 28〕

〔註 26〕外務省編：《日本外交文書》，第 39 卷，第 1 冊，第 837～838 頁，日本國際聯合協會 1960 年版。
〔註 27〕栗原健：《對滿蒙政策史的一面》，第 38 頁、39 頁，原書房 1966 年版。
〔註 28〕大山梓：《日俄戰爭的軍政記錄》，第 73 頁，芙蓉書房，1973 年版。

在通商和投資方面，日本更是加大力度，推行旨在把日本勢力滲透到東北商業和經濟領域的措施。

1906 年初，日本政府設立了「滿洲經營調查委員會」，以兒玉源太郎爲委員長，研究和起草關於經營滿洲的具體政策和方案。1906 年 5 月 22 日，日本政府召開「滿洲問題協商會議」，考慮到日本在東北繼續實行明顯的軍事統治會失去英、美的財政支持並激起中國的反抗，會議最後決定，撤銷各地軍政署，將關東總督改爲關東都督，在東北地區繼續標榜「門戶開放」「機會均等」的原則。〔註 29〕1906 年 8 月 1 日，天皇頒布第 196 號敕令，批准在旅大租借地設立關東都督府，陸軍大將大島義昌任關東都督。10 月 18 日，關東都督府在旅順正式成立。關東都督府是日本對旅大租借地實行殖民統治的中樞。都督擁有廣泛的行政權和軍事權，「負責管轄關東洲」，「保護和監督南滿鐵路線路」，「監督滿鐵公司各項事務」，「統率駐滿軍隊」。〔註 30〕日方還說，「此次設立都督，既非總督，又歸外務、陸軍各大臣、參謀總長、教育總監節制，其權限於租界地內，至於南落鐵路以外，一切事宜，關涉外國者，由該國領事處理，關涉中國者，歸華官處理，請貴國切勿誤會。」〔註 31〕總之，雖然形式上有變，但實質上，無論其官制組織還是對滿行動上，仍帶有濃厚的軍政色彩。

1906 年 6 月 7 日，明治天皇頒布第 142 號敕令，批准在政府的全面控制下籌建「南滿洲鐵道株式會社」，到 7 月 13 日組成了「滿鐵設立委員會」。8 月 18 日，日本政府批准了滿鐵公司章程。11 月 13 日，後藤新平被任命爲滿鐵公司總裁。1907 年 4 月 1 日，滿鐵正式營業。滿鐵經營的範圍是：一、在滿洲經營下列鐵路運輸業務：1、大連、長春間鐵路。2、大房身、柳樹屯間鐵路。3、南關嶺、旅順間鐵路。4、大石橋、營口間鐵路。5、烟臺煤礦間鐵路。6、蘇家屯、撫順間鐵路。7、奉天、安東間鐵路。二、爲鐵路之利益計，附帶經營下列事業：1、礦業，特別是撫順及烟臺之煤礦採掘。2、水運業。3、電氣業。4、主要鐵道之貨物委託販賣業。5、倉庫業。6、鐵道附屬地之土地

〔註 29〕外務省編：《日本外交文書》第 39 卷，第 1 冊，第 237～245 頁，日本國際聯合協會 1959 年版。

〔註 30〕栗原健：《對滿蒙政策史的一面》，第 39 頁。

〔註 31〕王彥威纂輯、王亮編：《清季外交史料》（三），卷 198，《使日楊樞致外部日設關東都督府再四辯論堅執一詞電》，第 3072 頁，書目文獻出版社 1987 年版。

及房屋經營。7、其他獲日本政府許可之營業。〔註32〕擁有2億日元資本的滿鐵公司實際上是代表日本政府具體經營滿洲的。在秘鐵第14號命令書中規定，滿鐵總裁、副總裁、理事，由日本政府任命；日本政府設滿鐵監理官監督其業務，日本政府有權發布監督公司事業的命令、取消公司的決議和解除其幹部的職務；日本政府規定滿鐵的資本總額並保持其半數；日本政府保證民間股份的六釐分紅和公司債利息；政府可隨時命令滿鐵接受新任務，使用滿鐵的鐵路、土地及其他物品；滿鐵每年收繳股款、募集資金、事業計劃、預決算以及關於會計、營業規章都要經過日本政府審查批准。日本政府賦予滿鐵公司以廣泛的職能：以經營鐵路及開採其附屬之煤礦爲重點，同時經營在滿洲的一切有利潤並有發展前途的事業。〔註33〕這種設計使滿鐵公司成爲一個以經營鐵路爲中心，旁及當地經濟、社會、文化、教育等各個領域的殖民機構。正如後藤新平所主張的，「戰後經營滿洲唯一的秘訣，在於陽則僞裝建設鐵路，陰則實行各種設施，依此要訣，應將租借地之統治機關與鐵道經營機關完全分開，且鐵道經營機關當假裝與鐵道以外的政治及軍事毫無關係。租借地之統治機關，以目前擬議中的遼東總督府充之。另創滿洲鐵道廳爲鐵道經營機關，由政府直接管轄，使之擔任鐵道之營業、路線之守備、礦山之採掘、移民之獎勵、地方之警察、農工之改良、與俄國及中國之交涉事件、整理軍事諜報之任務，平時兼任鐵道隊之技術教育」。〔註34〕滿鐵公司成爲日本政府在中國東北推行殖民政策的有力助手。

滿鐵以其擁有的特權，實行「綜合經營」，以鐵路、煤礦爲重點，同時極力將勢力滲入各個部門，它的投資大體上採取三種方式，對於需要巨額投資的關鍵性部門，如鐵路、港口、煤礦、鐵廠等實行直接經營；對於其它需要較多投資的重要部門，如海運、電力、煤氣、林業、移民拓殖、裝卸和搬運等則採取設立關係會社的方式實行間接經營，對於一般工商業和農業，則以認購股份，發放貸款，補助，予以技術指導等方式協助日本私人資本經營。

以南滿、安奉兩路和大連港爲基礎的交通運輸業，是滿鐵全部經營活動的基礎和中心。隨著東北大豆進入世界市場，滿鐵以其高額壟斷運費，對東北農

〔註32〕外務省編：《日本外交文書》，第39卷，第1冊，第640～641頁，日本國際聯合協會1960年版。

〔註33〕安藤彥太郎《滿鐵——日本帝國主義與中國》，第48～55頁，御茶水書房1965年版。

〔註34〕鶴見祐輔：《後藤新平》，第2卷，第651頁，勁草書房1965年覆刻本。

民進行了殘酷榨取。滿鐵的鐵路運輸又是日本商品打入和壟斷東北市場的有力幫手，使日本棉紡織品獨霸東北市場，滿鐵經營的撫順煤礦和新丘煤礦都是儲量豐富、煤質良好的大煤礦。煤炭銷售收入是滿鐵第二大財源。滿鐵經營鞍山製鐵所，經營撫順的葉岩油、大石橋的菱美礦、復州的粘土等，爲日本工業開關原料來源。它打著「產業開發」的旗號，插手工、農、礦、商各個部門。其在鐵路附屬地經營市街，大興土木，辦學校，開醫院，修神社，建公園。鐵路附屬地是日本在東北進行政治、經濟、文化及軍事侵略的主要基地。滿鐵還設有專門的調查情報機關，如調查課和公所、事務所，搜集各種情報，調查中國東北的政治、經濟情況和政法制度，風俗習慣等。它的中央試驗所、地質調查所、農事試驗場等科研機構，則被用來調查東北資源。

　　1907 年 7 月，滿鐵公司開始實行海港特定運費制度，鐵嶺以北和營口及大連之間發出和到達的貨物，營口和大連運費相同。〔註 35〕通過對大連採取極有利的運費標準，來謀求大連的發展和繁榮，使商港營口受到致命打擊。

　　日本還利用新奉鐵路訛取吉長鐵路路權。1907 年 4 月 15 日，日本與清政府簽定了《新奉、吉長鐵路協約》，規定中國以 160 萬日元從日本手中買回新奉鐵路，改爲中國自造鐵路，其遼河以東一段所需款項二分之一以及中國自造吉長鐵路所需款項二分之一，都向滿鐵公司借貸，以各該鐵路的產業及進款爲擔保；借款期間各該鐵路的總工程師得須聘用日本人。〔註 36〕日本希望再修延長線，使之與其在朝鮮半島的鐵路相連接，以實現從日本本土起經朝鮮半島，直達中國東北的路線。這兩線（新奉、吉長）與南滿鐵路相連，如利刃直刺滿蒙心臟，構成日本在中國東北擴張國利國權的的基架。滿蒙四路，滿蒙五路及間島問題等諸多爭端，也無一不是由此引發。

　　1907 年 4 月，日本天皇敕令批准了陸海軍兩個統帥部門共同呈奏的《帝國國防方針》，並把它確定爲國家政略和戰略的總方針，內中把維護和擴張在中國東北和朝鮮的殖民權益作爲國家對外政策和國防政策的根本目的。其中規定，中國是日本向大陸擴張「國利國權」的對象，英國是日本的盟國，俄國是日本國防的首要敵國，美國則係第二假想敵國。〔註 37〕

〔註 35〕北岡伸一：《日本陸軍與大陸政策》，第 38 頁，東京大學出版會 1978 年版。

〔註 36〕王芸生：《六十年來中國與日本》第 5 卷，第 25～27 頁，三聯書店 1980 年修訂版。

〔註 37〕北岡伸一：《日本陸軍與大陸政策》，第 3 頁。

　　在侵略中朝而向東北亞地區擴張勢力的過程中，列強縱橫捭闔，爲各自的利益展開了外交鬥爭、經濟鬥爭和軍事鬥爭，這些鬥爭是它們爭奪亞太地區霸權的核心內容。它們或削弱對手實力，或競相壓迫中朝出賣國家利益和國家主權，或擅自約定各自的殖民特權，或結成國際性的政治同盟、軍事同盟，簽署一系列協定，陷中國和朝鮮于災難的深淵。

　　日俄戰後，圍繞中國東北，大國的爭奪仍舊激烈，中國東北成爲列強在東北亞爭奪的焦點。日本把維護與擴張在中國東北、朝鮮的利權作爲總方針，以滿鐵爲工具，企圖將中國東北殖民地化；沙俄把俄日共同分割中國東北作爲其在東北亞的侵略目標；美國不滿於日俄對東北利權的壟斷性把持，企圖利用其雄厚資本打開缺口，在中國東北立足；英德等也因各自的戰略目的及與日本的利害關係，對東北問題備加關注。就英國而言，與日結盟，旨在遏制俄國勢力東進，確保其在遠東的商業和戰略優勢。但俄國東進之路，因爲受到日本阻礙，將會到東亞或歐洲另外尋找出路，卻更是英國擔心之事，英國惟恐俄國捨棄東進之路而南下謀求在印度發展勢力。因此，英國希望日俄戰後日本仍能繼續牽制俄國。這樣也就不難理解支持、維護遠東現狀的攻守同盟——第二次「英日同盟」的簽署了。

　　日俄戰後退居北滿的俄國，與日本相互戒備：日本擔心俄國捲土重來，俄國惟恐日本北進。但是戰後的俄國內外交困，國內政局動蕩不安，社會經濟瀕於破產；在國外，德奧兩國加緊在巴爾乾和近東擴張，俄國不得不開始調整它的遠東政策，謀求與英日和解以減輕它在遠東所承受的國際壓力。因此，《樸茨茅斯和約》簽訂之後，日俄關係就由對立、排斥轉向對話接近。1906年 12 月，俄國外交大臣伊茲沃爾斯基對日本駐俄公使本野一郎說：「如能獲得日俄之間將來和平之確實保證，則不惜做出更大的讓步。」〔註38〕山縣有朋這樣表達對俄國謀求和解的反應：「然若與彼結親密之交情，以緩和其復仇之心，則至少可維護今後十數年間之和平，此爲我最爲緊要之務，而苦於內治紊亂之俄國政治家，亦未必不接受我之好意，相信只要在不違反日英同盟之規定精神的範圍與俄國相提携，則不僅是推進我滿洲經營之捷徑，而且可暫使歐洲列強不致團結逼近東洋，對於維持東洋之和平，實乃可以考慮者也。」〔註39〕戰後俄國的遠東政策逐漸發生戰略性轉變，奉行「聯日侵華」，即同日

〔註38〕外務省編：《日本外交文書》，第 40 卷，第 1 冊，第 97 頁，日本國際聯合協會 1959 年版。
〔註39〕大山梓：《山縣有朋意見書》，第 360 頁。

本相互勾結，宰割中國東北並在整個中國攫取利益，成爲日俄戰後俄國在遠東的基本國策。

而歐洲政治局勢的變化，英德之間的衝突，又使兩國都力圖拉攏俄國。德國在日俄戰爭中支持俄國，戰后德國繼續慫恿俄國在東方冒險，並力圖與俄國簽署盟約，但是奧匈帝國在巴爾幹半島和近東的擴張，危及俄國利益，俄國軍界、外交界強烈要求把爭奪黑海兩海峽作爲首要目標，這勢必使德俄發生衝突，俄國不可能既保持與法同盟關係，又與德國建立同盟關係，俄國對德國的保留態度爲改善俄英關係創造了條件。俄國在日俄戰爭中的敗北，消除了英國的腹心之患，所以儘管擔心俄國會轉而覬覦英屬印度，英國還是主動採取步驟，緩和與俄國的矛盾。英在對俄和解的過程中曾力促日俄和解，使俄無對日復仇的可能，並使之在遠東獲得安全保障。而法國更希望俄國在中國東北與相關列強相安無事，以抽身赴歐洲牽制德國。英俄、日法的相互接近，是俄國重新調整遠東政策的國際背景。

1907 年 7 月 30 日，日俄兩國在彼得堡簽訂了第一次《日俄協定》、《日俄密約》。主要內容：

一、日俄協定

第一條：兩國相互尊重彼此現有的領土完整、與中國因現有條約及契約所產生之權利、以及兩國之間因締結條約所產生的一切權利。

第二條：兩國承認中國之獨立與領土完整，以及各國在中國商工業機會均等主義，且依一切和平手段以維持現狀及前述之主義。

二、秘密協約

第一條：日本鑒於滿洲政治及經濟上之利益與活動有集中的自然趨勢，且欲避免可能形成競爭結果之爭議，因此在分界線以北的滿洲地方，不爲本國或本國臣民及其他方面要求讓與任何鐵道或電信之權利，並且不妨礙俄國在該地區請求讓與該權利。俄國亦基於相同的和平精神，對於分界線以南之滿洲，不要求任何有關鐵道或電信之權利，並且不妨礙日本在該地區請求讓與該權利。

第二條：俄國承認日韓之間基於現行各項條約及協約所具有的利害與共的政治關係，對於該關係之增進發展，不予妨礙亦不加干涉。日本對於俄國在韓國之領事官、臣民，商工業及航海業等一切事項，均給予最惠國待遇。

第三條：日本承認俄國在外蒙古的特殊利益，並且不做損害該利益的任何干涉。

第四條：本協議兩國應嚴守秘密。

三、追加條款

本協約第一條所指南滿與北滿之分界規定如下：分界線由俄韓邊境西北端起劃一直線至琿春，從琿春劃一直線至畢爾騰湖（鏡泊湖）之極北端，再由此劃一直線至秀水甸子，由此沿松花江至嫩江口止，再沿嫩江上溯至嫩江與洮兒河交流之點，再由此點起沿洮兒河至此河橫過東經 122 度止。〔註40〕

第一次《日俄協定》和《日俄密約》旨在調整兩國在中國東北、蒙古及朝鮮問題上的爭端，結果，日俄在中國東北、蒙古劃分了勢力範圍，並從中國攫取了大量權益。

第一次《日俄協定》和《日俄密約》的簽訂，暫緩了日俄兩國長期以來的敵對狀態，使日本得以全力經營南滿，俄國承認日本在朝鮮的特殊地位，也使日本無所顧忌地加速了合併朝鮮的步伐。1910 年 8 月 22 日，日本通過強迫朝鮮簽訂《日韓合併條約》，使朝鮮淪為日本殖民地；1910 年 8 月 24 日，第三次《日韓協約》的簽署（1904、1905 年兩次《日韓協約》），使日俄戰爭以來一直推行的朝鮮保護國化徹底完成。總之，第一次日俄協約和日俄密約是嚴重損害中國、朝鮮主權，破壞中國、朝鮮領土完整的掠奪性條約，就是通過此約，俄、日兩國在事實上瓜分了中國東北、外蒙古和朝鮮。

日俄協約和密約的簽訂，從國際關係角度講，也在於對抗歐美列強對中國東北的插足。日俄的勾結之所以加強，在於他們共同抵制其他國家對東北的染指，以維護日俄兩國的既得利益的共同目標。日俄之攜手，對東北亞國際關係產生了深遠的影響。它為日俄擴大對中國東北的侵略提供了有利的國際條件。《日俄協定》和《日俄密約》為日本提供了比《英日同盟》更有力的國際外交力量。日本成了英俄在遠東的力量的重心，其國際地位獲得迅速提高。日本也充分利用了在遠東掀起的侵奪中國東北政治、經濟權益的高潮，以使其蓄謀已久的野心得逞。通過《日俄協定》和《日俄密約》，俄國得以肆無忌憚地向中國蒙古地區及西北邊疆地區擴張，並進一步鞏固了它在中國東北部的地位。因為中國東北問題而結成的俄日協約與英法協約，英日同盟條約、法日協定、英俄協定，聯在一起，消除了英日同盟與俄法協約的對立，使英法俄日四國通過各個雙邊條約結為新的政治軍事集團，形成對德意奧三國同盟的圍剿。中國東北問題在這幾個列強間消解了矛盾，造成了暫時的和

〔註40〕步平：《東北國際約章彙釋》，第 318 頁，黑龍江人民出版社 1987 年版。

解，使它們騰出精力關注摩洛哥、巴爾幹問題。而美國也利用這一形勢，加強了向中國東北的進攻。

美國對中國東北鐵路利權的爭奪由來已久。早在 1895 年，美國駐北京公使田貝（Charles Denby）就首先提出了「田貝計劃」，開始了對中國，尤其是東北鐵路利權的爭奪。按照這個計劃，美國打算首先建築京漢鐵路，然後南通廣州，北接西伯利亞鐵路，最後把京津、京山兩條鐵路合併在內，並建築一條從瀋陽到朝鮮邊境的支線。這樣，美國資本就可以通過貫通整個中國的鐵路大幹線控制中國的經濟命脈。這個計劃的首要目標，就是奪取在中國東北的鐵路建築權。繼田貝之後任駐華公使的康格（Edwin H.Conger）評論說，這條路「將在這塊地球上僅存的土壤與氣候都十分有利於農業發展的廣袤土地上為殖民和發展打開通路，會帶來貿易的飛速進步。可以將它與我們橫貫北美的鐵路通過穿越太平洋的航線連接起來。這條實際上環繞地球的商路將成為具有最令人難以忘懷的能力與使人雙贏的商路。」〔註 41〕由於這個計劃與俄國獨占中國東北的野心相衝突，遭到俄國的堅決反對。俄國通過拉攏清政府，簽訂了《中俄密約》，取得了中東鐵路的築路權。但是美國並不甘心，由於痛切地感到「俄國人將要加緊對滿洲的控制，這將會損害美國和英國的利益」，〔註42〕在此後爆發的日俄戰爭中，美國明顯地站在了日本的一邊，美國的支持是日本戰勝俄國的重要因素。美國支持日本，是為了借日本之手排斥俄國，為其進入中國東北掃清障礙。所以，在支持日本的同時，又在計劃如何在俄國勢力受到削弱後在東北大肆擴張。還在日俄之戰硝烟未盡的 1905 年 3 月，美國駐北京公使康格提出關於中國東北鐵路國際化的計劃，康格認為這個計劃如實現，在滿州就建立了日本和俄國不可逾越的障礙物。〔註 43〕而美國鐵路大王哈里曼也在日俄樸茨茅斯談判塵埃尚未落定之時匆匆赴日，準備收買日本即將從俄國手中奪取的南滿鐵路。但日俄戰後，日本卻視該地區為日本的禁區，無論是康格的「國際化」方案，還是哈里曼的收購方案，都最終為日本所否定。而且，日本在隨後與中國簽訂的《東三省交涉五案條款》中，把美國資本完全排斥在了南滿鐵路之外，美國對此大為不滿，這必

〔註41〕 Micheal H. Hunt, Frontier Defense and the Open Door——Manchuria in Chinese American Relations 1895～1911, Yale University Press, 1973,p.22.

〔註42〕 Micheal H. Hunt,Frontier Defense and the Open Door——Manchuria in Chinese American Relations 1895～1911, p.25.

〔註43〕 〔蘇〕B 阿瓦林：《帝國主義在滿洲》，第 114 頁，商務印書館 1980 年版。

然使東北亞國際關係中新的鬥爭焦點轉變爲美日鬥爭。

　　總之，日俄戰後，在東北亞形成了新一輪錯綜複雜的國際關係，最突出的是日俄修好與日美交惡，鬥爭的格局也由日本聯英抗俄轉變爲日本聯俄制美，日美矛盾逐漸取代日俄矛盾成爲遠東令人矚目的熱點。

第二章　清政府聯美制日政策的確立

　　甲午戰後，面對東北危局，清政府的外交政策，經歷了從聯俄防日到聯日制俄的戰略轉換，但是聯日制俄的結果並沒有減緩東北危機，中國東北由沙俄獨霸的勢力範圍，變成了日俄分割的二分天下。日本與俄國兩個列強，既相爭奪，又相勾結，使清政府又經歷了聯美、英制日、俄，聯美制日的外交掙扎。

　　《樸茨茅斯和約》後，東北成為日、俄、美、中等國矛盾的焦點。日本欲鞏固新獲得的利益，俄國則極力保守其現存利益，而美國也要利用各種矛盾（日俄、中日、中俄）拓展自己在東北的利益。清政府就準備利用各列強間的矛盾（日俄、日美、俄美），尤其是美日之間的矛盾和衝突，加強對東北的行政控制，以維護主權。在1905～1911年期間，確立並運作了聯美制日的外交政策，以圖挽救東北危機。

一、利用矛盾——清政府挽救東北危機的思謀

　　東北地區是清王朝的「龍興之地」。19世紀，尤其是1858年《中俄璦琿條約》簽訂後，沙俄加速了侵吞中國東北的進程。對此，清政府深感不安。甲午戰後，敗於日本的清廷，不得不面對一個比沙俄野心更大、更急於把東北劃入自己版圖的日本。因此，如何保護東北邊疆，是清政府亟待解決的重要問題。日本的崛起和沙俄的干涉還遼，曾使清政府中的某些人提出了聯俄抑日的外交政策。因而有1896年的《中俄密約》及《中俄合辦東清鐵路公司合同章程》，卻致使沙俄攫取了在中國東北地區修築鐵路的特權。1898年沙俄

又迫使清政府簽定了《旅大租地條約》和《續訂旅大租地條約》，允許沙俄在東北修路，這無異於引狼入室，代價是十分巨大的。沙俄的既定政策即是在遠東擴大海域和尋求良港。它在獲取中東鐵路修築權後，通過《中東鐵路合同》及其續訂合同、《旅大租地條約》和《續訂旅大租地條約》，把中東路延伸到遼東半島的南端——大連港，實際上把東北變為其勢力範圍。1900 年沙俄在派軍參與八國聯軍侵華的同時，還另派十幾萬俄軍侵入東北全境，使東北有變為「黃俄羅斯」的危險。迫在眉睫的東北危機，使清政府意識到聯俄政策之不可行。1902 年 4 月中俄簽訂《交收東三省條約》，1903 年 6 月清政府拒簽沙俄提出的破壞撤軍協定的七項要求時，是清政府聯合日英，主要是日本對俄國施加的國際壓力。

但聯日制俄的結果是驅狼來虎——日俄戰爭後日本又在東北肆意妄為。《樸茨茅斯和約》簽訂後，日本駐兵東北，恃勝驕橫，壓迫清政府接受日俄議定的所有條款。通過《中日會議東三省事宜正約》及《附約》，日本不僅繼承了俄國在東北地區南部的全部權利，而且獲得了安奉鐵路築路權、鴨綠江右岸林木開採權等新的權益，但條約所載遠非日本在東北侵略行動的全部。此後的幾年時間裏，日本人在東北積極謀求政治、經濟、軍事、文化的全面擴張與滲透，蠶食日進，交涉不斷。

當時的盛京將軍趙爾巽幾乎不能支撐。《中日會議東三省事宜正約》及《附約》簽訂後，盛京將軍趙爾巽致外部稱：「查中日條約會議節錄第十節內載，附屬鐵路之礦產，無論已開未開，均應妥訂公允詳細章程，以便彼此遵守等語，此項章程現未提議，而日人昨於遼陽、大榆溝、張家溝、茨兒山、缸窯村、樊神堡等處煤礦，勒令一律騰出，並將煤堆限二十日搬盡，又鳳凰廳、城北山煤礦，前有日人私挖，業已禁止，現又強行開採」。「今日人強行占據，顯失情理之平，亦與約章未合。」〔註1〕當日本首相西園寺巡游東北時，趙爾巽曾試圖提出各問題進行交涉，然「詞未畢，西云：今日談此足矣。」〔註2〕僅此一事便可見趙爾巽一籌莫展之窘境。朝廷曾向盛京將軍趙爾巽下詔書稱：「東三省為根本重地，日俄兵隊已將盡撤，一切應辦事宜，飭即趕緊籌辦，並飭認真緝捕土匪，切勿重徵苛斂，力戒因循，倘或遲經觀望，致誤事機，

〔註1〕 王彥威纂輯、王亮編：《清季外交史料》（三），卷 198，《盛京將軍趙爾巽致外部日人強占遼陽等處煤礦請商日使阻止電》，3072 頁。

〔註2〕 《清光緒朝中日交涉史料》卷 69，27 頁，北平故宮博物院 1932 年版。

定惟該將軍是問。」〔註3〕趙爾巽回電稱：「在戰事未停之際，嗣雖兩國議和，而撤兵之期較遠，遼東全境均在日人肘腋之下，軍政官事事牽制，幾於無從措手……爾巽曾與袁世凱密商欲將北洋軍隊進紮省城，日人不允，是以出關各隊僅駐於經交還暨客軍未至之地。省城辦一陸軍小學堂時來干涉，其明證也，不知者乃謂外人並不干涉練兵，誠不知其何據，爾巽仍復練協巡營，練備補隊，全按陸軍章製辦理，並令通省舉辦鄉巡，寓兵於警，不但與徵兵相合，且操練已有程度，所需新槍快炮陸續添購，營房覓地建築，無一不已預爲籌備。一俟客軍即撤，選用官長，更一名目即可成軍。……至地方各新政，自以搜集人才，籌備款項爲第一要義。」〔註4〕

　　不僅盛京將軍趙爾巽，清政府其他封疆大吏對東北問題也極爲焦灼。吉林將軍薩保致電外務部，指責日軍在東北橫衝直撞，「日本隊兵三百餘名，拉運糧米四十餘車，由奉天海龍府於七月十七日行抵縣屬官街地方，分住各燒鋪，日事操演，詢據聲稱係安設糧臺測繪地圖等語」，「突如其來，居民安得不滋疑懼，且繪圖並無成約；如係遊歷，又何須帶此多兵，運積糧食，甚至編號民房，誠難保其必無別故，況日俄兩國早經訂期撤兵，尤不應違約駐隊。」〔註5〕清政府駐日公使楊樞親晤日本外務大臣，「諷以日本與俄國開釁之時，即聲明實因俄在中國東三省強橫無理，憤然不平，遂致決裂，此爲環球所共知。現貴國在東三省事事蹈俄人故轍，似與最初不平之意不甚相合」。〔註6〕署黑龍江將軍程德全上奏指陳「東事日亟，宜全力經營」，極力言明東三省對於清王朝統治的極端重要性：「東三省爲國家根本，蒙古爲尾閭，根本動搖則全局瓦解，尾閭截斷則諸部風靡，誠恐東方有事，燕京必危，燕京既危，中原隨之。」〔註7〕安徽巡撫誠勛在其奏摺中也明確指出：「東三省根本重地，拱衛京師，非止爲朝廷發祥之源不忍棄、不敢棄而已」。〔註8〕急切之情，溢於言表。

〔註3〕王彥威纂輯、王亮編：《清季外交史料》（三），卷201，《盛京將軍趙爾巽致樞垣遵籌東三省應辦事宜電》，3109～3110頁。

〔註4〕王彥威纂輯、王亮編：《清季外交史料》（三），卷201，《盛京將軍趙爾巽致樞垣遵籌東三省應辦事宜電》，3109～3110頁。

〔註5〕王彥威纂輯、王亮編：《清季外交史料》（三），卷198，《吉林將軍薩保致外部日兵在磐石縣測繪並編門牌有東通延吉之勢電》，3075～3076頁。

〔註6〕王彥威纂輯、王亮編：《清季外交史料》（三），卷198，《使日楊樞致外部已請日外部將決不於租借地外侵佔分毫之說行文照覆函》，3076頁。

〔註7〕王彥威纂輯、王亮編：《清季外交史料》（三），卷195，《署黑龍江將軍程德全奏東事日亟宜全力經營折》，3043頁。

〔註8〕王彥威纂輯、王亮編：《清季外交史料》（三），卷181，《皖撫誠勛奏中立雖久、

自從八國聯軍侵華戰爭以來，清政府的財政十分拮据，籌劃款項不遺餘力，政治上則惟恐革命黨起事，因此謹小愼微，而惟獨於東北肯於撒手，不論其實際效果如何，都反映出清政府對於東北問題的重視的確是非同尋常的。據《東方雜誌》（戊申）第一期載：當東省要求撥銀六十萬兩，「當奉朱批照准。度支部以東三省改建行省由部撥濟現款及籌撥移駐軍隊款項已五百餘萬兩，其由部領餉移駐該省之武衛右軍歲需百萬兩尚不在內，實已疲於供應。此次因吉省籌辦邊務緊要，業經奉旨允准，自應竭力撥給一次，以濟目前之急」。又據《東方雜誌》（己酉）第一期載，「度支部會奏預撥加撥己酉年東北邊防經費……原撥銀二百萬兩，加撥銀五十萬兩……旨依議欽此」。此外在官制、奏報程序等方面清政府對東省也多加照顧。在外交上，爲解決日告危急的東北問題，如上所述，清政府也已變換了多種對外政策。

對於如何解救東北問題，在日俄戰爭爆發之初，兩廣總督岑春煊曾主張執行強硬的抵抗政策。他向外務部進言：「日本此次與俄之戰，固早經宣言爲保全我東三省主權，異日戰勝後，示德於我，別索酬償，是去一俄又來一俄，與今日何異。煊非敢謂中國中立之不可、開戰之必勝，特籌思再三，以爲既不能守完全之中立，不如乘此可爲之事機，斷然援引公法，使俄兵出境，乘勢收回東三省主權，確保局外中立之地位，此策爲上者。如其不能，則戰事雖危，何能終避，我若奮然一戰，不獨可免日人之責問，亦可免日人他日之要求。事機甚迫，若不及今決計，中立不定，則群起責問，大局必不可問。」〔註9〕駐美公使梁誠則希圖通過岑春煊施展自己的影響，梁誠對岑春煊言：「整頓吏治，講求兵備，徑仿東西政法，與民更始，……公負時望，盍一言之，大局幸甚。」〔註10〕黑龍江將軍程德全也認爲，日俄進逼，「我中國若誓以全力與之相搏，勿畏勿怯，傾各省之力以注東方，我之權力日進，則彼之權力必退」。他主張每省以一、二鎮新軍作爲此種政策的後盾。〔註11〕然而，岑春煊等人的這種強硬進取政策，在當時甚少附和支持者，因爲大多數人都能看出，對於清政府來說，這種政策實在有窒礙難行之處。

邊防益亟，擬請東三省速籌練兵折》，2841 頁。

〔註 9〕 王彥威纂輯、王亮編：《清季外交史料》（三），卷 181，《粵督岑春煊致外部日俄開戰宜乘勢收回東三省電》，2847 頁。

〔註 10〕 羅香林：《梁誠的出使美國》，296 頁，香港，1977 年版。

〔註 11〕 王彥威纂輯、王亮編：《清季外交史料》（三），卷 195，《署黑龍江將軍程德全奏東事日亟宜全力經營折》，3042 頁。

在撲滅戊戌變法、鎮壓義和團運動之後，清政府已徹底地自絕於革新運動，與民眾勢若水火。此時清政府的政治重心，在於如何防微杜漸，將一切試圖革新的力量扼殺於未形之前，自然不能指望清政府喚起民眾、團結一心以抵抗外侮。處於風聲鶴唳狀態的清政府，把所有的針對列強侵略的活動一概視為針對自身統治的作為，嚴厲鎮壓。比如，日俄戰爭將起，武漢、上海等地的愛國人士及留日學生皆有自動組織、願為禦外前驅者，而驚弓之鳥一般的清廷立即電令彈壓。湖廣總督端方、江浙總督魏光燾向軍機處報告成績說：「查四月初間，方聞上海有愛國會社諸生借俄事為名，在張園演說，議論狂悖，既經密電江寧查禁拿辦。續聞在日本有各省留學生亦借俄事為名，總集義勇隊運動部名目，欲入長江勾引票匪為亂，經方於五月初一密電沿江海各省嚴防密拿在案。」〔註12〕在這種情形下，怎能指望清政府在東北執行強硬進取政策呢？但這種形勢，作為此時清政府對外政策的重要背景一直存在。

清政府一方面不甘心東北主權的日益淪喪，一方面又不能憑藉自己的實力奪回，於是一種富於特色的政策應運而生了。「保全東三省之法，自來無上策可言，而以開放其地、貿易無禁之說為僅得之下策。」〔註13〕這幾乎就是清廷上下公認的結論。早在日俄戰爭爆發之前，張之洞、劉坤一就主張以此策對付俄國；日俄戰爭結束後，俄國換成日本，對策一仍其舊。1905年7月24日張之洞致電軍機處，籌劃東三省預後辦法，根本精神就在於「遍地開放」。「從前俄據東三省時，日本人即力勸我以遍地開放為抵制俄人之策，今俄去日來，我仍無以易此，蓋非此無以慰各國均霑之望，也無以杜強鄰吞併之謀」。〔註14〕受命考察東三省形勢、後來出任東三省第一任總督的徐世昌也認為，「圖存之策不在內政而在外交，不在今日外交之棘手而在孤立無助……。若俄約未定之先，人人知開放為保全之計，我曾力勉美使相維持，允為開放，今湖廣總督張之洞亦主此議，適為言者所阻，迄為實行。曾幾何時，日人抵隙而逼處，此若再游移敷衍，不實行開放之政，更將何以自存。故欲保全東省地方，必使成為各國通商之重鎮」。徐世昌特意強調：「患不在各國利益之平均，而在一二國要求之無

〔註12〕王彥威纂輯、王亮編：《清季外交史料》（三），卷172，《鄂督端方致樞垣遵旨查禁長江一帶革命邪說電》，2747頁。

〔註13〕《東方雜誌》第二卷第二期，160頁。

〔註14〕王彥威纂輯、王亮編：《清季外交史料》（三），卷190，《鄂督張之洞致樞垣議覆日俄直接議和因應辦法電》，2965頁。

已。」〔註15〕一言以蔽之，張之洞、徐世昌建議的要義，就是在東北廣開商埠，吸引各國資本和商人，待各國在此地區擁有既定經濟利益之後，日本的政治、軍事擴張便會受到阻滯。非常明顯，這種政策所能達到的最好結果，不過是以犧牲部分主權爲代價，換得名義上的領土完整，但就是這一點，能否達到，也還是未知之數。但對於內外交困的清政府來說，這便成爲唯一可行之策。此後清政府對東北的政策，便以此爲基調。

繼聯俄防日、聯日制俄失敗後，清政府開始尋找另外的能在東北與日本抗衡的力量——這個力量逐漸具體化爲美國。

美國在 1899 年和 1900 年兩次提出了「門戶開放」政策的照會，尤其是在第二個關於「門戶開放」政策的照會中，提出「保持中國領土與行政完整」；日俄戰爭開始後，美國曾壓日俄尊重「中國的中立」。戰爭結束前，1905 年 1 月 13 日，美國國務卿海‧約翰向美國駐奧匈、比、法、英、意和葡的外交代表重申了關於在中國東北實行「門戶開放」政策的精神。美國門戶開放政策的提出，客觀上緩解了中國被瓜分的危機，使清政府甚感寬慰——雖然美國的目的不是眞的要幫助清政府維護中國的領土完整，而是爲了在中國，尤其是東北，實行開放政策，以機會均等、利益均霑的原則，使美國在與各國的爭奪中，保持中國市場，尤其是東北市場對美國商品的自由開放，以在中國，尤其是東北發展其利益。

通過推行新政，特別是編練北洋新軍而執掌要權的袁世凱就是聯美政策的積極倡導者，他一直對美國抱有好感，早在 1901 年他就指出：「各國洋人，類多驕蹇，不受鈐制，惟美國人心地平和。」〔註16〕他還認爲美國「遇我獨厚」，「環顧全球，足以補助中華者莫如美國」。〔註17〕由於美國歧視華僑，國內人民爆發了抵制美貨的運動。袁世凱對此持反對態度，他說，「抵制美貨會疏遠美國人，減少美國幫助的意願」。在給外務部的電報中他曾說：「中國處於軟弱的地位，我們必須相信美國政府維護正義和依賴美國政府的支持。」〔註18〕

〔註15〕徐世昌：《退耕堂政書》，臺北，沈雲龍主編《近代史資料叢刊》第 23 輯，卷 1，第 480 頁，臺灣文海出版社 1966 年版。

〔註16〕袁世凱：《訂美國人赫士充大學堂總教習片》，《袁世凱奏議》，第 340 頁，天津古籍出版社 1987 年版。

〔註17〕沈祖憲、吳闓生編：《容庵弟子記》，第 1 卷，第 210、217 頁，臺灣文海出版社 1966 年版。

〔註18〕張存武：《光緒 31 年中美公約風潮》，臺北 1966 年版，轉引自王學良《美國與中國東北》，68 頁，吉林文史出版社 1995 年版。

　　袁世凱對美國的評價和期待並不是孤立的，實際上反映了清廷一般官員對美國的基本評價。1902 年中俄就東北問題交涉維艱之時，兩江總督劉坤一致外務部，「現又得伍電，美甚仗義，柔尤關切，彼請我堅持主義，方克有濟，各國現尙游移，屆期限不必急，違約咎在彼不在我。……且謂美爲合眾之國，議院之權重權各國，尙以事理所在，上下力持公道。」〔註 19〕駐美大使伍廷芳認爲「中美喜睦」。〔註 20〕他說，「在所有的國家中，中國最信任的是美國。……美國政府曾不止一次地動用它的慈善機構以增進中國人民的權益和福利」。〔註 21〕他甚至設想了由美國協助中國修建鐵路的計劃，他說，「中國修建鐵路的時代可說是剛剛開始，她渴望在這一巨大的工程中得到美國的幫助」。〔註 22〕

　　清駐外公使也多是聯美政策的支持者。

　　1903 年駐俄公使胡惟德奏：「臣是以爲宜於戰事未定之前，先由內外臣工各抒己見，更由外務部聘請美國或瑞士、瑞典等國之公法專家，由該部王大臣與之日夕討論，再由臣等駐外各使隨時電聞各國公論、戰國私論，以備參考。乘此數月工夫，聚精會神以考求此事，勿如前此之倉卒從事，勿如前此之隱秘不宣，俾臣下之有識者咸得抒其所見，功固全國任之，咎亦全國負之，利固全國享之，害亦全國當之，庶可稍挽既往辦事之失，兼樹將來辦事之的。」〔註 23〕

　　駐意公使許玨奏：「用敢竭其千慮一得之愚，條陳次第辦法伏侯聖明採擇，」其中有一條是：「商請美國調停以全中立主義」，「日俄與中國均無宿怨，現擬商請停戰，在我開誠布公，諒彼亦不應深閉固拒，惟揆度事勢，俄則屢敗之後非得一二勝仗不肯議和。日則恃勝而驕氣矜方隆，更難降心相就，但兩國相持不下，東三省之禍更無已時，我之中立因應益難。……查中國與各國所訂約章，惟美約第一款載明他國有不公輕藐視之事，一經知照必須從中善爲調處之語，此次日俄戰事中國按局外中立之例辦理，亦美國首先承認，現因兩國不肯停戰，始請移師離開東省境內，在我並無不合，似可電商美國

〔註 19〕王彥威纂輯、王亮編：《清季外交史料》（三），卷 158，《江督劉坤一致外部據伍使稱美甚仗義，屆期不必急，違約咎在彼電》，2547～2548 頁。

〔註 20〕王彥威纂輯、王亮編：《清季外交史料》（三），卷 152，2468 頁。

〔註 21〕《中國近代人物文集叢書·伍廷芳集》（上），92 頁，中華書局 1993 年版。

〔註 22〕《中國近代人物文集叢書·伍廷芳集》（上），88 頁。

〔註 23〕王彥威纂輯、王亮編：《清季外交史料》（三），卷 178，《使俄胡惟德奏日俄戰局遲速必出於和，中國宜亟籌應付折》，2813 頁。

政府懇其居間力任。」〔註24〕

駐英公使汪大燮說，「今中國與他國所立條約，惟美國有互文，中國人至美國或經歷或常住，美亦按照相待最優國之利益，俾中國一體均霑。美國欲禁華工，必須別立禁約，他國則以通例行之，而無辭可以為詰責之根據也」。〔註25〕

1904 年 5 月 18 日，日俄戰爭尚在進行中，工科掌印給事中謝希銓上折，奏稱日俄戰局必出於和，亟宜預籌收回東省主權辦法，他認為，「丙申鐵路（東清鐵路）之約即不能盡廢，而戊戌旅大之約（俄過強租旅大）必不宜再留……果能將旅順一口准作各國泊船修船之港，而青泥窪（大連）一口准作通商之港，則東方禍根由此可除」。為此，謝希銓主張「特派重要更事之專使與各國使臣會議……至如何先事詢商英美諸國，尤非有重要更事之大臣不可」。〔註26〕

袁世凱曾致電軍機處、外務部：「美廷實心望和，竭力經營，乞大部電飭梁使密商美廷，託其確探各國意向，討論妥善辦法。」〔註27〕而梁誠認為，「非廣開通商，不足以服各國，尤不足以制日本」，並稱「已極力運動美國暗中維持，若能於日俄政府善為因應，則東三省主權自必可復」。〔註28〕

這些主意打動了當權者。1903 年，在《中美續議通商行船條約》中，清政府同意將奉天、安東向美國開放。清政府的目的在於把美國利益進一步引入東北，使之與俄抗衡。日俄戰爭未結束時，清政府曾諭令有關方面研究東三省增闢商埠，〔註29〕企圖多引進其他外國的勢力，保持該地區各國勢力的平衡，藉以避免任何一國的獨占。這也是「中日東三省事宜條約」談判期間，清政府之能接受日本提出的東三省 16 處城鎮開埠通商的要求的一個原因。1906 年直隸總督袁世凱等奏：「為奉省籌辦開埠，擬先於安東縣、大東溝設立海關，並分卡暨請以東邊道兼充監督，事竊查奉省奉天府、安東縣、大東溝三外繫於中美、中日商約內分別載明，應自行開埠通商。」〔註30〕從 1906 年

〔註24〕王彥威纂輯、王亮編：《清季外交史料》（三），卷 186，《使意許珏奏日俄擁兵不解，亟應預籌東省主權折》，2910～2911 頁。

〔註25〕王彥威纂輯、王亮編：《清季外交史料》（三），卷 202，《前使英汪大燮咨民政部查報英倫及南洋群島華僑情形文》，3122～3123 頁。

〔註26〕《清光緒朝中日交涉史料》，卷 68，11 頁，北平故宮博物院 1932 年版。

〔註27〕《清光緒朝中日交涉史料》，卷 83，10 頁。

〔註28〕羅香林：《梁誠的出使美國》，296 頁。

〔註29〕朱壽朋編：《光緒朝東華錄》，總第 5397、5398 頁，中華書局 1958 年版。

〔註30〕王彥威纂輯、王亮編：《清季外交史料》（三），卷 198，《直督袁世凱等奏奉省

始，安東、大東溝、奉天等處相繼開放，日、美、英、德等國先後在各商埠內派駐總領事或領事等官員，完全突破了中國東北只有營口一處駐有外國領事的局面，就這樣，清統治者逐漸形成以廣設通商口岸、出賣利權吸引各國勢力，達到列強相爭相制的局面，以免除東北主權被侵奪的政策——這種政策在實行中，又逐漸具化爲聯美制日政策。

通過對當時清廷內外臣工的奏議及樞垣內閣的回覆進行具體分析，可以看出，清政府是出於抵制日本、俄國對東北權益的掠奪的動機，才準備利用矛盾，採取傳統的「以夷制夷」策略，聯合美英兩國，尤其是美國抵制日本的。

而當清政府中某些官員希望美國成爲維護東北邊疆可資利用的力量時，美國國內的輿論也正在鼓吹美國應向中國東北開發。這樣就很快使得清政府的聯美制日政策浮出了水面。

二、政策評估——聯美的可能性與可行性

清政府聯美制日的外交政策在操作上是具有可能性和可行性的，這從美日在中國東北的矛盾和爭奪的漸趨激烈、從美國駐奉天總領事司戴德的積極抵日以及奉天巡撫唐紹儀的努力聯美、從美國自身的發展需求等方面，都可以得出結論。

（一）

美國在清政府外交運籌中取得這種首要地位主要是源於當時的美日矛盾，當然也源於歷史上的美俄矛盾。

在清政府簽訂《旅大租地條約》和《續訂旅大租地條約》時，美國曾對此頗爲疑慮，美國駐北京公使田貝認爲，「大連落在俄國人手中」，將影響美國與東北地區的貿易，而且，俄國對中國東北的影響，將會「破壞美國和英國的利益」。〔註31〕田貝根據自己的設想，認爲修築鐵路將促進商品分配，有利於開發內地新市場，鐵路所至、貿易隨之，因而他積極參與和支持美華合興公司在東北修築鐵路的計劃。在中東鐵路在東北營運的同年，美國奪取了

籌辦，開埠擬於安東縣、大東溝設立海關以東邊道兼充監督折》，3072 頁。

〔註31〕《田貝 1897 年 4 月 2 日致謝爾曼函》，載《駐華公使電報》，美國國務院微縮膠捲檔案，藏華盛頓國家檔案館。轉引自王學良《美國與中國東北》，第 14 頁，吉林文史出版社 1995 年 10 月版。

菲律賓，但美國政府並不把軍事征服看作美國向外擴張勢力的唯一工具，它更注重經濟滲透。在不斷擴大對中國東北的商品輸出的浪潮中，美國資本家運籌了在東北修築鐵路的計劃。1890 年，地理學家希爾平出版了《世界鐵路》的著作，他在書中論述了環球鐵路的必要性，並提出以西伯利亞到中國廣州爲環球鐵路中的一段。這個設想引起美國各界的廣泛興趣。〔註 32〕早在 1895年，旨在同其他列強爭奪在中國東北修築鐵路、通訊設備等工程的美華合興公司成立。發起人卡爾文、布萊士不僅曾任美國數家鐵路公司的董事長，而且還任大通銀行和太平洋郵船公司的經理。美國鐵路大王哈里曼和坤洛公司的希夫都是該公司的股東。美華合興公司在中國東北修築鐵路的具體計劃是：以「遼東灣某海港爲起點，向北伸展經過牛莊、瀋陽和吉林，」然後由「吉林經齊齊哈爾同俄國橫貫西伯利亞鐵路某站相接。同時，從瀋陽往南伸向朝鮮邊境。」〔註 33〕儘管美華合興公司再三努力，該計劃仍未能付諸實施。清政府在俄國的壓力下，以美國人「求利較厚」，而加以拒絕。〔註 34〕美華合興公司在東北修築鐵路計劃失敗的原因，除俄國反對、清政府的親俄政策外，還由於它當時沒有得到美國政府的「政治支持」。〔註 35〕

美俄在中國東北的爭奪是必然的，因爲從 19 世紀末開始，美國已經把東北看作美國向西躍進的「新邊疆」。持此觀點的人認爲，對外貿易是美國未來的基礎。因此，美國政府的一項重要職能是「用更大的精力和遠見來維護（美國）海外的投資與商業市場」。〔註 36〕這同沙俄的南下政策是針鋒相對的。美國政府兩次拋出「門戶開放」政策與對沙俄獨占東北的疑懼是不無關係的。

美俄矛盾如此，更何況是美日矛盾？

在日俄戰爭中，美國資本家紛紛大力解囊支持日本，美國銀行家希夫組織了專門的辛迪加，在美國推銷日本戰爭債券。根據紐約 1923 年版、〔日〕

〔註 32〕〔蘇〕福森科著，楊詩浩譯：《瓜分中國的鬥爭和美國的門戶開放政策（1895～1900）》，第 44 頁，三聯書店 1958 年版。

〔註 33〕〔蘇〕福森科著，楊詩浩譯：《瓜分中國的鬥爭和美國的門戶開放政策（1895～1900）》，第 45 頁。

〔註 34〕盛宣懷：《遵旨妥議粵漢鐵路辦法並鈔呈美國借款合同折》，載《愚齋存稿》，愚補樓藏版，第 7 卷，第 17 頁，臺灣文海出版社 1966 年版。

〔註 35〕〔蘇〕鮑‧亞‧羅曼諾夫：《日俄戰爭外交史綱（1895～1907）》，上冊，第 59頁，上海人民出版社 1976 年版。

〔註 36〕Micheal H. Hunt, Frontier Defense and the Open Door——Manchuria in Chinese American Relations 1895～1911, p.34.

小川五太郎所著的《日俄戰爭軍費支出》第 107 頁中報刊公佈的官方材料，日本在日俄戰爭中戰費總計 150，847 萬日元，而美國給日本的貸款就足抵日本全部戰費的 20%左右。〔註 37〕美國付出這樣的代價來支持日本進行這場戰爭決不僅僅爲了打敗俄國，其根本目的在於用日俄戰爭來作爲美國在中國東北維護「門戶開放」政策的工具，更是爲了以日制俄，並獲得在俄占東北的情況下它所得不到的利益。《樸茨茅斯和約》使東北一分爲二，日俄南北對峙，這種格局基本符合羅斯福的意圖，尤其是沙俄和日本都保證「不阻礙中國爲發展滿洲的工商業而採取的涉及列國的一切措施。」〔註 38〕而能否在東北開放門戶，關鍵看戰後勝者日本能否在東北實施門戶開放的政策。日俄戰爭後，幫助日本打敗俄國的美國對開發東北市場寄以厚望，開始加緊在東北擴張其經濟利益。

然而，日本一踏上東北南部的領土，就將其據爲己有，視該地區爲日本的禁區。爲了對南滿實行獨霸，排擠美國的商品和資本，1905 年 6 月，根據 156 號敕令，日本不僅在大連設立「關東民政署」，1906 年，又根據 196 號敕令，在旅順成立了「關東都督府」，下設軍政、民政二部；〔註 39〕同時還立即著手控制交通、壟斷原材料。1906 年設立了壟斷東北南部鐵路的「南滿鐵路株式會社」，並且建立了郵政系統和電報系統，還開始向東北南部大量移民。爲獨霸南滿，日本一方面給予日本商人和資本家各種特權，拼命擴張日本在南滿的勢力；另一方面通過關稅和運輸限制，排擠美英商店，打擊美英資本，尤其是美國同東北的貿易，致使美英等國進行貿易的機會大爲減少。據《紐約時報》統計，從 1905～1909 年間，美國向東北輸出的商品由 23，500，000 美元，下降到 7，500，000 美元。〔註 40〕到 1906 年，指責日本的信件紛呈美國政府，尤其抱怨日本公司通過被日本控制的大連港把貨物免稅運入東北，而美國貨仍舊只能從早已設立了海關的牛莊向東北輸入。(20 世紀初，大連港對外開放以前，牛莊〔營口〕是東北地區進出口貿易的主要港口。) 同時，日本人還不准美國公司進入日本佔領區貿易，並從行政措施和提高南滿鐵路

〔註37〕〔蘇〕格·安德列耶夫：《美國資本輸出》，第 55 頁，世界知識出版社 1958年版。
〔註38〕〔蘇〕鮑·亞·羅曼諾夫：《日俄戰爭外交史綱（1895～1907）》，下冊，第 835頁。
〔註39〕王魁喜等《近代東北史》，第 310 頁，黑龍江人民出版社 1984 年版。
〔註40〕New York Times,18,June,1918.

運費率兩個方面來排擠美國及其他國家在東北的貿易。〔註41〕

總之，實際上日本不僅沒有爲美國資本進入中國東北開闢道路，反而對美國資本關上了進入中國東北的大門，這嚴重打擊了美國在東北的權限。美國之拋出門戶開放政策，就是因爲美國政府決不承認「任何國家在中國任何部分有排他性的權力或控制欲」。〔註42〕二者產生尖銳的衝突勢所必然，所以美日關係在日俄戰後迅速惡化，形成了以美日矛盾爲主爭奪中國東北的複雜局面。雖然由於美英的外交壓力，日本曾不得不在1906年宣布願意在中國東北執行門戶開放政策，但實際上卻採取外鬆內緊的辦法逐步加強對東北的控制來對付美英等國。

日俄戰後，日本國內政府有輿論認爲，「經營滿洲鐵道有兩種危險」：一是財政上的危險，即認爲在物資缺乏的遼闊荒野鋪上一條鐵路，要想收支平衡，從經濟上說是愚蠢的。連年虧損將使本國經濟陷於危機之中，至少也要發生惡劣影響，因此不如委諸第三國安全；一是伴隨著滿洲鐵路經營而來的政治和軍事的危險，即擔心戰敗的俄國必將致力於復仇戰爭，而把這樣強大的民族作爲日本的長久敵人，在大陸上兵戎相見，對日本是極大的不利。因此，莫如誘使第三國進入滿洲來緩和兩國勢難避免的衝突。〔註43〕美國資本也正是乘此試圖插手東北鐵路路權的。早在日俄戰後議和期間，美國資本家就醉心於滿洲的開放而擬前往投資。修築了橫貫美國大陸第一條鐵路的愛德華·亨利·哈里曼的環球鐵路計劃是橫跨大西洋到波羅的海，然後沿西伯利亞鐵路與中國境內的鐵路相連接，從而繞地球一周，因而東北鐵路是他計劃中重要的一環。哈里曼是計劃收買南滿鐵路後再收買中東鐵路和西伯利亞鐵路。哈里曼與紐約金融巨頭雅希夫曾爲認購日本的戰爭公債而奔走。爲戰時日本提供過財力支持的哈里曼於1905年8月16日抵達日本，面對戰後日本危機的財政狀況，他認爲向日本購買東北南部鐵路的時機已到，他便提出用1億美元從日本手中購買該路的經營權。獲得日方首肯後，1905年10月12日，哈里曼與桂太郎首相達成一項備忘錄，約定：哈里曼根據日本法律組織銀行團，由銀行團出資購買南滿鐵路及其附屬設備，南滿鐵路及其附屬碳礦由日

〔註41〕〔蘇〕B.阿瓦林：《帝國主義在滿洲》，第106頁。
〔註42〕《國務卿海約翰致駐英大使（緯特）函》，載《中美關係史資料彙編》第一輯，第450頁，世界知識出版社1957年版。
〔註43〕鶴見祐輔：《後藤新平》第二卷，第755頁。

美兩國共同經營。〔註 44〕但是日本外相小村壽太郎對此卻早已經有了高度的警覺。他早已考慮到美國政府對日俄媾和有斡旋之勞，美國資本家對日本的勝利有功，預料到美國方面會提出某種滿洲計劃方案，又鑒於美國資本主義的東漸趨勢，因而堅決反對桂太郎——哈里曼的協定。他說備忘錄將激起日本國民的憤怒，所以反對出賣南滿鐵路，並想盡各種辦法督促日本政府取消該項協定。日本軍部也支持小村外相，認為備忘錄一旦付諸實施，日本勢必為了美國在遠東的擴張處於火中取栗的地位。1906 年 1 月 15 日，日本政府正式向哈里曼宣布該備忘錄的作為無效，使美資企圖利用日本插足中國東北的計劃破產。〔註 45〕哈里曼的環球鐵路計劃暫時成為泡影。美國資本家與日本的矛盾由此而升溫。

日俄戰前美俄在東北對抗的基本因素，如今又成為日美對立的根本原因，日本成了美國向東北擴張勢力的主要障礙，美國總統和國務卿都向日本表示，對於「日本逐排他性的俄國於滿洲之外」，卻立即取而代之，以至實行俄國之主義的行為，「實屬遺憾」。〔註 46〕這勢必使清政府運行聯美制日政策的成為可能。

（二）

1906 年 10 月，W.D.司戴德就任美國駐中國奉天總領事；1907 年 4 月，唐紹儀出任奉天巡撫。唐紹儀、司戴德來到東北之前，都曾出使過朝鮮。掌控東三省外交樞紐的奉天巡撫唐紹儀，字少川，廣東香山人，1862 年 1 月 2 日生於唐家村一個中等農民家庭。1874 年唐紹儀隨容閎赴美，以官費就讀哥倫比亞大學文科，回國供職一段時間後，被派至朝鮮辦理稅務，在此期間經歷了甲午年日本對於朝鮮的侵略。到 1907 年被任命為奉天巡撫時，唐紹儀曾任外務部右侍郎、郵船部左侍郎等職。〔註 47〕W.D.司戴德，1880 年生於美國紐約，幼年在日本度過，美國康諾爾大學畢業，1901 年入中國海關。1904 年任美聯社、路透社記者時，採訪過日俄戰爭，隨後供職於美國駐朝鮮公使館。〔註 48〕在前後十年的時間裏，唐紹儀、司戴德目睹了朝鮮被日本吞併、變為

〔註 44〕外務省編：《日本外交年表及主要文書》上卷，第 249 頁。

〔註 45〕外務省編：《小村外交史》，第 668～670 頁，新聞月鑒社 1953 年版。

〔註 46〕外務省編：《日本外交文書》第 39 卷，第 1 冊，第 238 頁，日本國際聯合協會 1959 年版。

〔註 47〕陳旭麓主編：《中國近代史詞典》，606 頁，上海辭書出版社 1984 年版。

〔註 48〕Herbert. Croly, Willard Straight, New York,The Macmilland Company,1924.

殖民地的過程。雖然各自的感受、角度不同，但他們對於日本的迅速擴張卻有了共同體驗。1907 年前後，這樣兩個人物來到中國東北地區，揭開了聯美制日這段歷史的帷幕。

美國駐中國東北領事人員代表美國政府，並具體執行美國對中國東北的政策，他們既是美國政策的執行者，又是美國對東北政策的影響者。為同日、俄在東北進行爭奪，美國在堅持美國的條約權利時，「要歡迎和鼓動鞏固作為門戶開放最有力保障的中國在東北的權威」。〔註49〕這是司戴德在東北同日俄鬥爭的基本原則與主要策略，即以維護中國在東北的「權威」為招牌，來擴張美國在東北的利益。然後，通過現在「進入」東北的土地，美國會把美國的影響「擴大到（中國）帝國的其他地區」。〔註50〕司戴德承認，由於日本在日俄戰爭中打敗了俄國，因此，日本毫無疑問的獲得了在東北原屬於沙俄的「某些特權」。但是，司戴德相信，美國在東北仍是大有作為。因為，日本不可能確保其對東北的正常控制。日本人在東北南部的優勢，一是靠特殊稅率獲得利益；二是由於美國企業還沒有採取積極的政策。司戴德認識到，在日俄分據東北南北的情況下，只有堅持「門戶開放」政策才能使美國利益進入東北，而把美國資本大量引入東北，增強美國的影響，是保持門戶開放政策在東北得以實行的唯一途徑。在他看來，美國商人的「冷淡」比日本人的「歧視」，對美國在東北的商業利益的未來發展更加有害。〔註51〕

面對咄咄逼人的日本，司戴德把在東北為美國利益同日本進行鬥爭作為美國駐奉天領事館的一個主要任務。於是，為適應同日本鬥爭的需要，他在東北，尤其是日占區建立了廣泛的信息網和宣傳機構，以打破日本對東北的輿論控制，並全面掌握日俄在東北的政治、經濟情況，以鼓勵美國資本家向東北投資，順利把美國資本引入東北。

1907 年秋季，司戴德以瀋陽為中心，把美國駐東北大連、丹東、牛莊、哈爾濱的領事館連接起來，組成為一個信息網絡。〔註52〕美國駐東北各地領事館同駐奉天的領事館一樣，由美國駐北京公使館指揮。司戴德是把瀋陽領

〔註49〕 Micheal H. Hunt, Frontier Defense and the Open Door——Manchuria in Chinese American Relations 1895～1911, p.115.

〔註50〕 Straight, Report to the State Department 28, September 1907, NA, RG59: 2321/13.

〔註51〕 Micheal H. Hunt, Frontier Defense and the Open Door——Manchuria in Chinese American Relations 1895～1911, p.145.

〔註52〕 Herbert Croly, Willard Straight, P.236.

事館的地位提高到「準公使團」的地位，這使「他在奉天的領事館成為美國領事機構史上獨一無二的」領事館。〔註53〕建立宣傳機構是司戴德的另一個行動。日俄戰爭之後，日本逐漸控制了東北的宣傳陣地。戰爭剛一結束，日本就在瀋陽創立了中文的《盛京時報》。關於東北的新聞基本上都出自日本人的報紙，或由日本人控制的渠道傳到新聞界。司戴德置身瀋陽，深有感觸。他認為，外國資本，尤其是美國資本不能大量到東北投資同日本的輿論有關，因此，要吸引美國國家的資本到東北來，就應該打破日本對輿論陣地的壟斷，建立有利於美國的宣傳機構，使世界輿論感到並注意到日本在東北的違法行徑。

設立宣傳機構，首先要獲得中國方面的支持，於是他向奉天巡撫唐紹儀建議建立宣傳局（publicity bureau），該局負責向新聞界和有影響的人物發布有關東北的情況及需求，以及東北可給外國資本提供的工農業投資機會的信息，並通過闡明中國的立場來消除日本宣傳的影響。〔註54〕司戴德獲得了唐紹儀的大力支持。1907年12月28日，美國國務卿羅脫（Root）批准了司戴德的計劃，與此同時，中國方面東三省總督徐世昌也批准了唐紹儀的建議。〔註55〕1908年1月1日，宣傳局正式成立，由美國駐奉天副總領事喬治·馬文（George. Marvin）任局長。為了使外界更為廣泛地瞭解東北，該局的第一件工作是編輯一本介紹東北概況的書。他們除了自己掌握的資料外，還到東北總督府查閱資料，並且繪製了基本的旅遊圖。除有關東北的基本情況外，還有專題文章，並附有注釋和相對準確的數據，唐紹儀為此書作了序。為擴大該局的影響，司戴德派馬文到全國各地走訪，司戴德還為馬文寫了許多介紹信，馬文所到之處都與之建立了聯繫，他為該宣傳局打開了渠道，擴大了信息及傳播範圍。因此，該宣傳局的成立引起了中國內外的廣泛重視。中國沿海報紙紛紛報導該局成立的消息，北京、漢口和上海、香港報紙都為宣傳局的成立高興，外國駐華記者也紛紛發表消息和評論。美聯社駐北京記者麥克·馬克（Mick Maco）、駐馬尼拉的《紐約先驅報》（New York Herald）記者喬·奧赫爾（Joe Ohel）等紛紛表示對宣傳局「極為關注」，有的甚至願意同該局建立長期穩定的聯繫。〔註56〕該局出版的關於東北情況的介紹在世界各地得到了廣泛的重視，法國、意大利、西班牙以

〔註53〕Herbert Croly, Willard Straight, P.207.
〔註54〕Herbert Croly, Willard Straight, P.254.
〔註55〕Herbert Croly, Willard Straight, P.355.
〔註56〕Herbert Croly, Willard Straight, P.258.

及美洲都印刷了這個材料，甚至日本發行的報紙也對該書「發生興趣」。

毫無疑問，該局的建立是爲把美國資本引入東北、使美國的「門戶開放」政策在實際中踐行服務的。

（三）

十九世紀、二十世紀之交，美國最受推崇的一位戰略學家是 A.T.莫漢，他的理論的中心就是強調海軍、強調海上霸權的重要地位。莫漢曾對一英國人講：「在理論上講，我擁護自由貿易，但我卻非常高興地看到這一制度已經失靈。……我想你們正走在通向「帝國民主」的道路上。我們也一樣。我認爲這是不可避免的。」〔註57〕美國人，尤其是年輕人和新的領導者們，「他們對伴隨美國工業主義的成長而來的社會大動蕩感到煩惱，他們不知美國是否已走上了歷史末路。他們相信武力、盎格魯——撒克遜主義，社會達爾主義和美國的經濟體制；他們也受到了那些正在從事帝國擴張活動的歐洲列強行爲的影響。海軍上將艾爾弗雷德‧塞野‧馬漢，一個現代的重商主義的政論家，把美國政治狀況的興旺同海上霸權聯繫了起來。他敦促美國參加對不發達地區的基地和市場的爭奪，以確立一個世界大國的地位。馬漢斷言，歷史將證明他的這個方案的重要。它僅需要付諸行動。」〔註58〕

正因爲西方世界由自由資本主義進入到帝國主義階段，海外殖民地成爲列強的首要問題，因此莫漢才備受推崇。莫漢在美國國內擁有眾多的響應者，其中一個狂熱分子即是在 1901 年至 1908 年間任總統的西奧多‧羅斯福，只是他 1901 年接任美國總統後，在遠東主要把注意力放在了菲律賓，並力圖避免出現必須防守菲律賓的局面。爲此，他積極支持日本對朝鮮和中國東北的擴張，使日俄兩國互相牽制。這既可以阻止日本向南進行海上擴張，又可以借助日本削弱俄國以便奪取中國東北。美國在中國東北及東南亞沒有可與日本相抗衡的軍事力量，所以，只能依靠外交手段。1905 年，他派陸軍部長塔夫脫與日本首相桂太郎談判，以美國同意日本在朝鮮的支配地位爲交換條件，要求日本承認美國在菲律賓的特權。同時，他操縱日俄和談，反對日本勒索賠款的要求，就是力圖使日俄兩國在中國東北處於相互對峙的均勢狀態，以使美國在中國東北獲得更大的周旋餘地。

〔註57〕C. C. Taylor, The Life of Mahan , New York,1914.p.182.

〔註58〕〔美〕查爾斯‧威維爾著，張瑋瑛、李丹陽譯：《美國與中國：財政和外交研究（1906～1913）》，第 1 頁，社會科學文獻出版社 1990 年版。

20 世紀初，美國資本家已將世界商務霸權的爭奪重點放在東亞，而中國眾多的人口和落後的工農業生產給美國出口商品帶來了新的希望。1898 年 1 月 6 日，美國資本家在紐約成立了美國在華利益委員會，該會是由熱衷於美中貿易的資本家成立的民間組織。他們要求美國政府制訂有關政策以保護他們在中國的商業利益。由於中國東北地區的特殊條件，1895 年前美國資本家就已經把它作為他們在東北亞開拓市場的一個主要目標。他們投向中國的棉製品主要在東北出售。如 1898 年，美國向中國輸出棉織品總額為 524.4 萬美元，而在 1899 年，美國輸出中國東北地區的棉織品總額則為 438 萬元。〔註 59〕19 世紀末，棉織品是東北最主要的進口商品，至 20 世紀初，美國實際壟斷著東北的棉布市場。美國資本家希望把東北變成一個可供美國大量傾銷產品的「繁榮市場」，以及美國利益在「中國市場的象徵」。〔註 60〕而且，日俄戰前，美國與中國東北的經濟聯繫已經多元化，不僅在棉布等主要商品的貿易競爭中佔了優勢，而且還利用俄國修中東路的時機向中國東北大量輸出鐵路用工業品和石油及其製品。

美國於 19 世紀 80 年代末完成了工業革命，到 19 世紀 90 年代初，美國工業生產躍居世界首位，它的工業生產總值幾乎相當於英、法、德三個歐洲強國的總和，而美國的大陸擴張已基本完成，因而要求向海外擴張的輿論喧囂一時。尤其是美西戰爭後，美國在國際舞臺上的地位大為提高，從此有能力全面加入到列強爭霸世界的角逐之中。19 世紀末帝國主義列強在中國掀起了瓜分的狂潮，英俄日德法各國都在中國搶佔了港口，劃分了勢力範圍，而美國不甘無所作為，也準備利用自己經濟上的優勢在中國同各國展開競爭。1899 年 9 月 12 日，美國國務卿海·約翰（John Hay）訓令駐英、俄、德、法、日、意六國的美國大使向駐在國政府遞交了針對中國的「門戶開放」照會，要求六國政府承認以下的原則：1、對於其在中國的所謂「利益範圍」或租借地內的任何通商口岸，或既得利益，不得干涉；2、中國現行的約定稅則，對於運往前述「勢力範圍」一切口岸（「自由港」除外）之所有貨物，無論屬於何國均為適用，其稅款應由中國政府徵收；3、各國在其「範圍」內之任何口岸，對他國船舶所徵收的入港費，不得高於對本國船舶所徵收的入港費；在

〔註 59〕 Micheal H. Hunt, Frontier Defense and the Open Door——Manchuria in Chinese American Relations 1895～1911, p.20.

〔註 60〕 Micheal H. Hunt,Frontier Defense and the Open Door——Manchuria in Chinese American Relations 1895～1911, p.21.

各自「範圍」內建築、管理或經營鐵路，為他國公民或臣民運輸的貨物，應與為本國人運輸同樣貨物、經過同等距離所徵收的鐵路運費相等。由此可以看出，美國提出「門戶開放」照會是以承認和維護列強在華的勢力範圍和既得利益為前提的，美國要求的是在幾乎被列強瓜分殆盡的中國境內，享有與其它列強相同的貿易地位。1900 年 7 月 3 日，當八國聯軍和義和團在天津激戰時，海・約翰再次向各國提交門戶開放的照會，主張保持中國領土和主權的完整，維護各國在中國公正平等的貿易原則。門戶開放政策的提出，標誌著美國積極向遠東滲透和擴張勢力的戰略意圖。門戶開放政策得到了列強不同程度的認可，因為當時誰也無法獨占中國，打破它們在華勢力相均衡的局面。

應該說，美國制訂門戶開放政策的出發點是擔心任何國家獨占中國東北及在華勢力的日益膨脹危及美國在中國東北及其他地區的商務和投資利益。同時，美國也意識到，沒有中國的領土完整，商業機會就無從談起，其「商業意義」，與「維護中國領土完整」間有一定客觀的聯繫。如果東北，乃至整個中國都淪為列強的勢力範圍，那對美國來說就毫無商業意義可言了，所以，從客觀上講，二者是有關係的。當然，這在客觀上對維護中國領土完整也確實產生過一定的影響。列強後來也都把維護或違反門戶開放政策，作為向其他列強發難、並與其爭奪權益的藉口。如日本就是打著維護「門戶開放」政策旗號反對沙俄獨占東北地區，並發動日俄戰爭的。清政府對美國的政策是由衷地歡迎的。因為義和團運動後，清政府十分害怕瓜分，因而歡迎「保全主義」，歡迎「保全中國領土完整」的提法，只要能維持政權的繼續存在，「能夠在國際共管之下繼續當皇帝，便把廣泛出賣國家利權以招徠各國勢力，借各國勢力的互相牽掣而保持國際共管的秩序，當做活命的金丹；並竭力掙扎，避免由一個國家獨占某一地區的利權從而形成瓜分的局面。」〔註61〕

1901 年，沙俄逼迫清政府簽訂《奉天交地暫且章程》時，清政府就曾試圖求助於美國政府的援助。慶親王奕劻曾親自請求美國駐華公使康格幫助中國結束俄國對東北的佔領，並儘早撤軍，但無果。10 月末，外務部通過清政府駐美公使梁誠要求美國在促進俄國從東北撤軍方面起積極作用。10 月 26 日，梁誠向國務卿海・約翰探聽美國總統羅斯福對俄國佔領東北的態度。羅斯福當時的

〔註61〕 李時岳：《清末的「招徠」政策和美帝國主義的「保全主義」》，《光明日報》
1965 年 10 月 20 日史學版。

態度是：美國「最好應不捲入滿洲的爭執。」〔註62〕美國拒絕是因為它不想同俄國直接交鋒，只希望清政府力拒俄國的無理要求，並以「門戶開放」原則對俄國提出抗議。1902年3月6日，俄國政府聲稱遵守「門戶開放」原則，但決心將東北據為己有的俄國決不允許美國插足東北，在其向清政府提出的新七條中特別強調了反對清政府向其他國家開放港口。美國便走上了扶持日本同俄國兵戎相見的道路。美國利用日本的軍事勢力打擊俄國的原因還有，美國資本家認為日本不會同美國在貿易上競爭。清政府還曾對「樸茨茅斯和約」中未經中國同意就做出的有損主權的對東北利益的安排，提出了抗議，〔註63〕但並未得到美國的反應。這是當時羅斯福的東亞政策決定的。

　　實際上，在哈里曼東渡日本期間，羅斯福總統曾派其表兄蒙特‧戈梅里‧羅斯福向當時正在紐約的日本樞密院顧問金子堅太郎通報了哈里曼的行動目的，並奉勸日本拒絕哈里曼，由自己掌握「南滿鐵路」。至於日本危機的財政問題，有備而來的蒙特‧戈梅里‧羅斯福表示，紐約的五家銀行將給日本三四千萬美元的貸款，以便使日本修復南滿鐵路，只要日本政府「購買美國工廠的鋼軌、機車及車輛」。〔註64〕美國政府之所以這樣做，一是因為這符合羅斯福對東北的外交政策：扶持日本，打擊俄國，然後在東北製造日俄間的均勢，由美國從中操縱，實現東北的門戶開放。羅斯福還認為，美國不能觸犯日本人在東北的利益，更不能激怒日本人。羅斯福這樣闡述他的東北政策：「至於滿洲，如果日本人欲遵循一條對於我們不利的路線，我們除非作戰不能阻止他們，而對滿洲進行一次勝利的戰爭將需要一支像英國一樣好的海軍，加上一支像德國一樣好的陸軍，中國門戶開放政策是一個極好的東西。我希望只要它能以一般的外交協議來維持，它將來也是一個好東西。但是，滿洲的整個歷史，無論是在俄國或日本之下，都同樣證明，一旦有一個強大的國家決心不顧門戶開放政策，寧願冒戰爭的危險而不欲放棄它的野心，這個政策就立刻在事實上成為完全無用的，」而東北對日本具有「切身利益」，因而，日本「不能忍受」東北遭受「外來的干涉」。〔註65〕因而，他不希望哈里曼插

〔註62〕 Micheal H. Hunt, Frontier Defense and the Open Door——Manchuria in Chinese American Relations 1895～1911, p.82.

〔註63〕 王彥威纂輯、王亮編：《清季外交史料》（三），卷190，《外部致胡維德日俄議和凡未與中國商定者不能承認電》，2960頁。

〔註64〕 金子堅太郎：《日本門羅主義與滿洲》，第5頁，啓明會1973年版。

〔註65〕 Roosevelt and the Russo-Japanese War, p320-321.

手中國東北南部而與日本對立。二是由於羅斯福對內的反托拉斯的內政政策所致。

堅決反對出售南滿鐵路的日本外相小村壽太郎堅持認爲，南滿鐵路對日本在東亞推行侵略政策具有重大意義，因而他得知羅斯福的意圖後，底氣更足了。他以哈里曼從日本手中購買南滿鐵路事先未得到清政府同意爲依據，使哈里曼的購買行爲、合同的簽訂皆成爲非法運作。他還想辦法應對同意出售鐵路的政界元老、要人。他說，日本各界人士正對《樸斯茅斯和約》的規定表示極大的不滿，而且日本政府又把日本在戰爭中唯一的戰利品——南滿鐵路出售，無異於火上澆油，將導致「無法預料」的「更大騷亂」。〔註66〕小村的威嚇起了作用。他還對清政府進行了一個多月的威逼利誘，脅迫清政府承認了日俄和約的附件，規定南滿鐵路的股東只限於中日兩國。

看來，哈里曼的失敗是日本擴張主義政策和美國東亞政策夾擊的結果。美國資本家在海外的活動只有在同美國對外戰略利益保持一致的情況下，才能得到美國政府的支持，否則就會受限。

20世紀初期，美國在外交上仍未放棄其傳統的「不介入同盟」外交政策。美國對中國東北政策的基本原則是：美國不能「爲滿洲而戰」，而應「借助美國可以支配的手段」來做美國所必須「作到的一切」。〔註67〕可見，清政府的聯美制日政策雖具有可行性，但操作起來還是有困難的。

〔註66〕外務省編：《小村外交史》，第662頁。
〔註67〕泰伊爾編《海約翰的生平與書信》，第369頁，波士頓1915年版。轉引自王學良《美國與中國東北》，50頁，吉林文史出版社1995年版。

第三章　新法計劃

　　新法計劃指的是清政府及東三省地方政府爲消除東三省嚴重的主權危機，籌劃借助美國資本，無法實現時又改借英款，興修從新民屯至法庫門的鐵路計劃。這一計劃是清政府實施聯美制日政策的具體行爲。

　　新法計劃也是美國駐奉天總領事司戴德積極策動的第一項投資計劃，他與奉天巡撫唐紹儀商議修築新法鐵路，並主張由哈里曼出資。進而司戴德又與唐紹儀商定成立滿洲銀行，由美國貸款二千萬美元作爲該銀行的資本，使之成爲「滿洲」當局的財政樞紐，以促進鐵道、農工實業、礦山森林的開發及幣制改革等工作的開展。司戴德此舉在於以門戶開放之名，建立美國在「滿洲」的優越勢力。

　　由於日本以南滿鐵路平行線的理由提出反對，英國受日本脅迫後支持日本的主張，並暗中進行破壞，終使這個計劃落空。

一、源　起

　　1907 年 4 月，清政府宣布東三省地方制度改革，將東北地區合爲一個行政區，在三省巡撫之上設一總督，希望通過這樣的改組，增強東北地區的行政權力和效率，重振清朝的「龍興之地」；更有效地抵制日、俄在東北的侵略勢力，挽救東北的危殆局面。清政府任命與當時處於清政府權力中樞的袁世凱關係密切的徐世昌爲統領軍民要政的東三省總督，兼管三省將軍事務，以唐紹儀、朱家寶、段芝貴（後改程德全）分任奉天、吉林、黑龍江巡撫。他們都是袁世凱集團的親信成員，袁的勢力控制了整個東三省。

其時袁世凱已由直隸總督調任外務部尚書並入值軍機處。秉承袁世凱聯美的主張，徐世昌在東三省貫徹「平均各國之勢力、廣闢商場、實行開放」的方針，〔註1〕實際上就是想依靠美英來平衡日俄的勢力。唐紹儀因爲有留學美國的背景，與美感情較爲接近，因此較徐世昌更熱衷於聯美。唐紹儀認爲惟有在東北採取「開放政策」，利用經濟利益作爲誘餌，吸引大國參與東北利益的角逐，使整個東北成爲各國勢力彼此競爭互爲均衡的局面，才能遏制日本在東北的侵略勢力，抵制其獨霸東北的野心。唐紹儀與袁世凱的私人關係極爲密切，袁世凱一直對唐紹儀的外交才幹讚佩不已。1901 年唐紹儀即被袁世凱調任津海關道，肩負北洋外交重任，並協助袁世凱在天津推行新政。袁世凱曾多次專折稱道唐紹儀「忠直明敏，膽識兼優」，〔註 2〕「才識卓越，血氣忠誠，諳練外交，能持大體，洵爲洋務中杰出之員。環顧時流，實罕其匹」，並奏准將他「以道員交軍機處記名簡放」，以資鼓勵。〔註 3〕袁世凱在《請將唐紹儀暫留北洋襄辦交涉事宜折》（光緒三十年八月二十一日）中，亦稱：「如唐紹儀者，才識卓越，志趣正大，而諳練交涉，冠絕輩流，將來東方結局，應付極難，留備擘畫，實亦必不可少之才。」〔註4〕在東京，日本關東都督則大肆宣揚徐世昌「爲最富理解力之政治家」，說唐紹儀「亦最富聲望之外交家」，〔註 5〕提醒日本人高度警惕東北局勢。已頗負外交聲望的唐紹儀到奉天之初，日本駐奉領事甚至自度才力不足，非唐紹儀對手，曾申請日本政府調易賢能，以保全滿州勢力。〔註6〕

在奉天巡撫任上，唐紹儀曾奏稱：「臣等抵任以來，深見日本交涉之難，格外加勁愼重。」關涉安奉鐵路、漁業公司等事宜，「即所議各案，皆由臣等與該領事辯論，並未去委驛巡道陶大均辦理。提議幾及一月，每日至三四時之久，親與往復，辯難而所議無一辦理者。實因日本外交狡猾，圖進不已，非情理所能喻。」「惟東省值困難之時，而日本尺寸必爭，斷斷不已，臣等殫

〔註 1〕徐世昌：《東三省政略》敍，第 1 頁，吉林文史出版社 1989 年。
〔註 2〕臺灣中央研究院近代史研究所編：《清季中日韓關係史料》，第 1629 號，1979 年版。
〔註 3〕天津圖書館等編，廖一中等整理：《袁世凱奏議》上冊，第 361 頁，天津古籍出版社 1987 年版。
〔註 4〕《袁世凱奏議》下冊，第 1015 頁。
〔註 5〕《盛京時報》光緒三十三年九月十二日第 5 版、九月四日第 5 版。
〔註 6〕臺灣中央研究院近代史研究所編：《清季中日韓關係史料》，第 4458 號，1979 年版。

竭智慮，逐日磋商，尚未效力。」「東三省辦理交涉，不得勉強適就」。〔註7〕
從中可見唐的勤勉及其對日態度。

1907年間，美國掀起了反對日本移民的浪潮。在美日關係更趨惡化期間，因尋求海外擴張而與英國關係惡化、在侵略中國問題上被排除在英日法俄等歐亞列強合作關係網之外的德國，深怕在各國瓜分中國時被摒棄在外，並顧慮美國會被英國拉攏，使自己更陷於孤立，因此極想和美國勾結。德國駐華公使雷克司在給德國首相布洛夫的信中說：「在與中國有關係的列強中，只剩下德美兩國，它們在分贓中沒有受到考慮。美國，因為它在中國從不作領土獲得之努力，尤其因為它像德國一樣，沒有屬於圈子裏。德國，因為英國想徹底奪去它的國際政治欲望。」德國因此向美國表示：願意與美在華合作，共同對付日本。其方案是由德、美、中三國締結一個條約，保證中國的「完整」，並由中國給予德美秘密的經濟利益為報酬。〔註8〕美國對此表示歡迎，羅斯福總統還和德國駐美大使斯特恩博進行了多次商談。在北京，德國公使雷克斯也進行了活動，慫恿清政府在中美德同盟問題上採取主動。因此，一時輿論有中美德聯盟之說。袁世凱以軍機大臣、外務部尚書的身份代表清政府，主動邀請當時奉美國總統命令開往太平洋向日本示威的美國艦隊訪問上海。

日美因爭奪東北利益而日益尖銳的矛盾，中美德聯盟之說，以及美國陸軍部長塔夫脫1907年10月訪問日本後路過上海時宣稱「要使用一切合法手段維護美國在華利益」的演講，無不成為鼓舞的力量，更使唐紹儀充滿信心地將抵制日本的希望寄託在因勢利導地引進美國資本上。同時，雖然英國與日本是盟國，但貪婪的英國資本家遠不滿足於原有的勢力範圍，仍想在東北投資和承築鐵路，唐紹儀亦極想予以利用，借收「以夷制夷」之效。

東三省地方當局鑒於當地鐵路除京奉路之外皆被日、俄所控制，極損中國權益，就鐵路管理和修築問題曾接連向清中央政府提出了各種建議。前署黑龍江將軍程德全曾奏，「非修鐵路別無抵制之方，亦別無振興商務之計。是以臣前曾將伯都訥至新民府宜修鐵路情形奏邀慈鑒在案，查呼蘭、綏化為全省精華所萃，經理商務宜自此始，擬自哈爾濱江北、馬家船口北向呼蘭曲達

〔註7〕王彥威纂輯、王亮編：《清季外交史料》（三），卷203，《徐世昌、唐紹儀致樞垣日本外交狡猾敬陳愚忱電》，3138頁。

〔註8〕孫瑞芹譯：《德國外交文件有關中國交涉史料選譯》，第三卷，第86、87頁，商務印書館1960年版。

綏化，直接黑龍江城，修一幹路，計長一千餘里。再由對青山至呼蘭；由昂昂溪車站至省城修二枝路，並由對青山枝，西逾四清鐵路，過松花江與伯都訥鐵路相接，省城枝路東向以接幹路，如此南北街接，一氣呼應。自然商務之起色可翹足而待，即經營邊防亦易措手矣。」他主張「專招華商」。「臣明知款巨工大，非倉促所能奏功，然值此時艱，何可棄置不顧，惟有行之以漸，持之以恒，必期歲事而後已」。〔註9〕前署盛京將軍趙爾巽也建議，「新民到法庫門再至遼源州抵齊齊哈爾，應建一鐵路以聯絡蒙疆，收回權利」。「營口商市甚爲大連所制，由於未經設關之故，而封凍亦其一端，擬於錦州境內另闢一不封凍口岸，以圖補救，已密商稅務司派洋員往勘」。〔註10〕趙爾巽意在謀求自築鐵路溝通東三省南北，在新民接京奉鐵路，與關內地區直接交通，並使之通過蒙古地區，以防日俄勢力的侵入。但是因爲財政緊張，彼時這些建議還僅僅停留在設想的階段。

　　徐世昌、唐紹儀根據此前東三省地方當局的倡議，光緒三十三年（1907）十月十五日給外務部的函件中表述了擬修建一條由新民屯經法庫門到洮南至齊齊哈爾的縱貫全東北、與日俄之中東、南滿鐵路相對抗的鐵路大動脈，並由美國資本家投資和承築的計劃。這基本上是一條與南滿鐵路平行的鐵路，目的即爲抵制日本勢力在東北的擴張。料想到這一旨在挽回東三省權益的計劃難免會遭日本反對，因而東北地方當局也做好了與日本周旋的計劃——分三段修建，由新民屯至法庫門爲一段，由法庫門到洮南爲一段，由洮南至齊齊哈爾爲一段。擬先修新法鐵路爲第一步，並聲明爲關內外鐵路（即京奉鐵路）的延長線，是爲便利清國交通，並非新修的與南滿路利益衝突的鐵路線。而且，這第一段尚在遼西境內，與日本人毫無干涉，不必預先告知，第二、第三段鐵路計劃則暫不宣布。

　　這正合美國駐奉天（盛京）總領事司戴德的意。司戴德曾提出由京奉鐵路上的新民首先修築鐵路至法庫門，以後逐次延長至齊齊哈爾、璦琿等地的計劃。〔註11〕1906年10月，司戴德是在哈里曼的推薦下獲得首任美國駐奉天總領事的職位的。在司戴德臨來中國以前，哈里曼和他商談了環球鐵路的運

〔註9〕王彥威纂輯、王亮編：《清季外交史料》（三），卷200，《署黑龍江將軍程德全奏江省創修鐵路藉固邊防折》，3096頁。

〔註10〕王彥威纂輯、王亮編：《清季外交史料》（三），卷 201，盛京將軍趙爾巽致樞垣遵籌東三省應辦事宜電》，3010頁。

〔註11〕Herbert Croly, Willard Straight, P.241. P.242.

輸計劃。收買南滿鐵路計劃失敗後的哈里曼仍不甘心放棄東北鐵路，他認爲，雖然收買南滿鐵路的計劃失敗了，但可以另外從中國方面取得讓與權，在南滿鐵路以外另築新線。司戴德來東北後努力踐行哈里曼的計劃，他更想努力影響美國對東北的政策，爲美國向日本在滿洲的財政霸權挑戰開闢道路。

司戴德一直認爲，推動美國同中國東北的貿易是重要的；他還認爲投資是增加美國影響，以及推動貿易的最佳方式，所以，「美國應該後悔的是儘管滿洲貿易無疑是重要的，但是我們（美國）沒有更多的實質性具體的利益，諸如銀行、礦山或者鐵路。通過證明我們同中國發展的更爲堅實關係，擁有這些利益將大大地增加我們的商業」。〔註12〕那麼，美國僅僅向中國東北出口其工業製品是不夠的，因爲東北市場的承受能力「很小」。美國人應在東北建立「有發展的企業」。其中包括向中國提供「建築鐵路和開發礦業的貸款」。由此就會在東北製造出使美國產品能夠賣往東北的「一種需求」，而另一方面，如果美國不採取「大規模的行動」。美國就「不能在中國市場上獲得實際份額和對中國的命運施加任何有效的影響」。〔註13〕爲達此目的，司戴德利用大量的時間研究美國的大企業、金融機構，並試圖把它們吸引到東北。〔註14〕他的思想同哈里曼的東北鐵路計劃正好相吻合，爲此，他極爲讚賞和支持哈里曼的計劃。在哈里曼收購男滿鐵路的計劃流產之後，他開始支持哈里曼投資在東北修築鐵路，「把華北帝國鐵路從新民屯擴展到法庫門，最終擴展到齊齊哈爾和璦琿」。〔註15〕

司戴德特別關注美國資本在中國東北的投入。與哈里曼的主張從經濟利益的角度控制中國東北鐵路的觀點不同，司戴德更多的是從國際政治的基點著眼。司戴德向華盛頓提出過在長城以北創立美國獨占勢力的極端重要性，他說，中國東三省的官員們歡迎對銀行、鐵路和礦山的投資，如果美國人接受這一邀請，就會鬆動日本對滿洲的控制，滿洲就能「得救」。而且，司戴德展開他豐富的想像力，指出，以滿洲「作爲起點，美國可以將它的影響和活動擴展至帝國的其他部分」。〔註16〕

司戴德曾派遣了一名助手去考察在安東這個重要商業中心的日本人的動

〔註12〕Straight, Report to the State Department 28, September 1907, NA, RG59: 2321/13.
〔註13〕Herbert Croly,Willard Straight,P.244.
〔註14〕Herbert Croly,Willard Straight,P.207.
〔註15〕Herbert Croly,Willard Straight,P.243.
〔註16〕Straight to assistant secretary of State ,28, September 1907, NA, RG59: 2321/13-15.

向和那裏的貿易前景。他建議中國將雙方的爭端提交海牙國際法庭以迫使日本暴露出自己的意圖。他還提請人們注意，1907 年中、日間協議規定的日本人在安奉路沿線權利中，在採礦問題上日本人有進行壟斷的可能。當這些步驟均無補於局面的扭轉時，司戴德仍堅持認爲滿洲需要「政治上無私的支持」和引進外國資本來抵制日本。〔註17〕

司戴德堅持認爲，美國需要在遠東下更大的賭注，他把賭注押在太平洋航運的可能性上，這一想法促使司戴德在其任職奉天的較早時期寫信給哈里曼，他強調說，這種有利可圖的機會正等待著那些將貨物從美國直接運抵中國北部以免從上海作代價高昂的轉載運輸的人。司戴德一直惦記著哈里曼的鐵路計劃，他描述了俄國和日本在滿洲的鐵路的情況，表示哈里曼可以在任何需要幫助的事情上求助他。〔註18〕

其實在赴盛京之前，司戴德已經同哈里曼討論過投資東北鐵路的計劃，赴任盛京總領事後，便積極推動美商投資東北的事業。東北當局認爲把美國資本引入東北有利於在日俄間製造均勢，徐世昌、唐紹儀出任東督奉撫不久，雙方就開始了有關鐵路計劃的研究，新法鐵路計劃就這樣成爲雙方的共識。司戴德向哈里曼坦率地承認，這條「新鐵路將與南滿鐵路相競爭」。〔註19〕哈里曼表示願意做投資者。

在東北當局與司戴德的多次會談中，唐紹儀除了鼓勵美商新建鐵路外，還提出了一個利用二千萬美元開辦東三省銀行以發展地區經濟的建議。唐紹儀指定該銀行作爲東北地方政府的金融代理人，利用它促進東北鐵路建設和各種工業企業，穩定當地混亂的貨幣制度。唐紹儀更希望藉此建立緊密的中美關係，共同抵制日本。唐的建議得到司戴德的積極響應。應該說，這一計劃爲美國提供了影響中國金融和商務的大好機會。雙方用短短兩三個月時間就擬訂了一個借助美國資本（按唐紹儀的提議借 2000 萬美元）設立東三省銀行，從事當地的穩定幣制、興辦實業、修築鐵路等事業計劃。在唐紹儀的贊同下，司戴德將這個計劃於 1907 年 8 月 7 日以備忘錄的形式寄給美國的哈里

〔註17〕 Straight to Phillips,18,November 1907,Straight papers ,Olin Library, Cornell University.
〔註18〕 Straight for Harriman ,31,October 1906. Straight papers ,Olin Library, Cornell University.
〔註19〕 Straight for Harriman,7, November 1907,Straight papers ,Olin Library, Cornell University.

曼，要求他給予支持。〔註20〕徐世昌和唐紹儀對該計劃的態度使司戴德大受鼓舞，他以激奮的心情在 1907 年 8 月 7 日的日記中寫到，「唐同意了該計劃，……給哈里曼的信發走了，充滿著巨大的機會，如果該計劃被採納，將意味著我們（美國）在中國的影響極大地提高」。〔註21〕

　　司戴德充滿信心地認為，這項協議「充滿著極大的可能性」，它意味著「我們在滿洲的開發中發揮主導作用」，並將大大增強美國在華影響。司戴德一個月以後向助理國務卿威廉·菲力普敘述此事的梗概時，沒有具體提到他給哈里曼的信，只是指出需要向中國提供一筆貸款，這將會使北京增強其對滿洲的控制。他寫道，「帝國的發展」可以使我們指望，「一旦我們（在滿洲）站住了腳，我們就將處於一種可通過唐紹儀和袁世凱（他現在正在北京當權）來發揮影響的地位，並將能在推動中國的復興中做大量的事」。〔註22〕

二、遇　挫

　　但是，這個充滿著巨大可能性的文件，卻因為美國國內局勢的變化而付諸東流。1907 年，美國爆發了嚴重的經濟危機，這次經濟危機超過了以往任何一次。在危機期間，美國的鐵產量下降了百分之三十八，鋼產量下降了百分之四十，煤產量下降了百分之二十四，出口總額下降了百分之十，失業人數達五百多萬。經濟危機在鐵路方面表現得尤為嚴重，新建鐵路長度縮減了將近二分之一，鋼軌產量縮減了二分之一以上，貨車廂產量縮減了三分之二以上，機車產量幾乎縮減了四分之三。〔註23〕作為這項計劃投資者的鐵路大王哈里曼也受到非常嚴重的打擊，他無法籌措所需的資金，因而無法顧及在東北的投資計劃，致使司戴德的計劃破產，也致使唐紹儀的新法鐵路計劃、東三省銀行計劃遭遇挫折。

　　徐世昌、唐紹儀為防止「外人橫生阻止」，致使新法計劃被擱置一邊，便立即轉與英商接洽。中英（銀）公司（British and Chinese Corporation, Ld.）駐

〔註20〕〔美〕查爾斯·威維爾著，張瑋瑛、李丹陽 譯：《美國與中國：'財政和外交研究（1906～1913）》，第 36 頁。

〔註21〕Herbert Croly, Willard Straight, P.241.

〔註22〕Straight to Phillips, 8, September 1907, Straight papers, Olin Library, Cornell University.

〔註23〕〔蘇〕列·阿·門德爾遜：《經濟危機和周期的理論與歷史》第三卷，第 93 頁，三聯書店 1977 年版。

華代表濮蘭德與唐紹儀爲舊識，在中英歷次談判廣九、滬寧、滬杭甬、津浦等鐵路合同時，彼此曾頻繁接觸，非常瞭解。而英商保齡公司是英國著名的鐵路工程企業，多年來致力於攬築滬寧、粵漢及廣九等路均未獲成功，對於投資修築東北鐵路也具有極大的興趣。徐世昌、唐紹儀便計劃由中英（銀）公司（British and Chinese Corporation,Ld.）提供資金，而由保靈（齡）公司承建。二人在《致外部擬與保靈（齡）公司訂立建築新法鐵路協定節略函》中稱，「其第一段路工現已飭保齡公司，親往履勘。保齡公司者，英國最著名之工程家，歷包南非各大工最有名譽、最有信實之公司也。一切做法皆與關內外鐵路一律，所有工程，即由該公司包做，蓋如橋梁、涵洞等類，如損壞例須賠修，一經包做，則損害由其自任，不至偷減，至所開工價以英里統計之，似與各鐵路較爲核實，然使做法稍有未合，關係甚巨，必有精通路工之監視，乃爲周密，故擬請詹天祐時時監視，如有與合同不符之處，隨時指明，令其改作。」「如果處處合宜，俟第一段路工告成，再議展修第二段，此時尚未與議，及其完工先訂爲兩時期，緣如明春開工，則可於十八個月修竣，若遲至夏秋，則嚴寒時候較長，須二十四個月竣事，此路係京奉展修之線，且第一段尚在遼西境內，與日人毫無干涉，彼倘強聒，即請鈞部據此駁詰，我固有詞可措，彼當無所藉口。第二第三兩段暫不宣布。」「至此路議辦後，即擬籌借外債以爲修築之費，既爲京奉接展之路，自應向中英公司借款，按照路款若干與之籌借，擬不以該路作抵，即由東三省籌還，容俟詳細研究商定辦法，再行奉達。即希賜覆，統希秘密，暫勿宣泄爲禱。」〔註24〕唐紹儀與該兩公司代表的談判很順利，1907年11月，雙方簽訂了新法鐵路借款合同，商定由中英（銀）公司代籌資金50萬鎊，保齡公司承辦全部工程，預計兩年完工。

指望哈里曼投資的計劃破產迫使中國人與正在滿洲尋找鐵路特許權的英國資本的代表接洽借款，「中國使用這根經濟之鞭抽打英日同盟，希望英國資本的引入會導致英國在政治上支持反日」。〔註25〕這種情況令司戴德十分不快，他一直希望通過東三省銀行使用美國金錢爲這條鐵路提供資金，但哈里曼的拒絕使他無法向中國人提供一項具體好處。他在日記（11月8日）中寫

〔註24〕王彥威纂輯、王亮編，《清季外交史料》（三），卷207，《徐世昌、唐紹儀致外部擬與保靈（齡）公司訂立建築新法鐵路協定節略函》，3185頁。
〔註25〕〔美〕查爾斯·維維爾著，張瑋瑛、李丹陽 譯：《美國與中國：`財政和外交研究（1906～1913）》，第37頁。

到,「扶林誌(French)大約在今天 5 點簽訂了他的條約」。「我希望看到由美國人來從事這一工作,我堅信我們(美國人)不會比英國人差」。〔註26〕他還不無懊惱地寫道,「我認為他(唐紹儀)沒有切實地信守諾言」,雖然他承認這位巡撫「在這一事上所做的保證總是相當含糊的」。但最終,司戴德還是剋制住自己的沮喪,支持扶林誌——濮蘭德修築和投資於新民屯——齊齊哈爾鐵路的努力。〔註27〕

而欲獨霸東北的日本則竭力反對新法鐵路工程。從 1906 年始,日本即開始密切注視中國新法計劃的動態。1907 年 8 月,唐紹儀的鐵路計劃日見明朗,並開始商洽借款時,日本政府便通過其駐華代理公使阿部守太郎照會清政府外務部,聲明反對。1907 年 8 月 12 日,日本代理公使阿部在致慶親王的照會中又聲稱,中國方面「修築與南滿鐵路並行之線或侵害該路利益之支線,帝國政府斷難承認」。〔註28〕1907 年 11 月 6 日,在《新民屯至法庫門鐵路工程合同》簽訂的當天,阿部又第三次向慶親王遞交照會,再次聲稱:「關外鐵路接展至法庫門乃至北一節,顯於南滿鐵路並行,且有害該鐵路利益。按照日清會議交涉錄所載,日本政府斷不能承認。」〔註29〕

起初,清政府對日本的反對予以嚴正駁回。光緒三十三年七月五日(1907年),阿部照會外務部,表示對「新法計劃」「斷難承認」時,外務部在覆照中稱:「東三省擬借外債,將來是否作為造路之用,係為中國內政所關,至鐵路如何敷設,現在尚未定議,惟延長關外路線為我國國內交通便利起見,與南滿洲鐵路毫不相涉,既非於該路附近另設並行之幹線,亦非侵害該路利益之支線。」〔註30〕光緒三十三年(1907 年)九月初六日日使再次照會外務部,「關外鐵路往法庫門方面迤北延長,與南滿洲鐵路並行有害利益。本問題關中國政府之責任,僅照東省督撫一己之意見,帝國政府最為遺憾」。〔註31〕郵

〔註26〕 Herbert Croly,Willard Straight, P.243.
〔註27〕 George Marvin's memory of Willard Straight ,Straight papers ,Olin Library, Cornell University.
〔註28〕 《臨時代理公使致清外務部慶親王照會》,1907 年 8 月 12 日,第 61 號,載《日本外務省檔案膠捲》,MT585,MTL.7.3.56_1,53_56 頁。
〔註29〕 《臨時代理公使致清外務部慶親王照會》,1907 年 8 月 12 日,第 61 號,載《日本外務省檔案膠捲》,MT585,MT.1.7.3.56_1,81_83 頁。
〔註30〕 王彥威纂輯、王亮編:《清季外交史料》(三),卷 205,《外部致日代使阿部東省延長關外路線係便利我國交通與南滿鐵路無涉照會》,3153 頁。
〔註31〕 王彥威纂輯、王亮編:《清季外交史料》(三),卷 206,《外部致日代使阿部關外鐵路敷設新線距離南滿幹路,總不減於歐美慣例照會》,3171 頁。

傳部答覆日使曰，「現在本部計劃，如將來關外鐵路敷設新線之時，其附近南滿洲幹路之距離總不減於歐美各國現有鐵路兩線間距離之數之通行慣例，以期彼此無礙」。外務部也認爲，「查郵傳部所稱以上各節與東省督撫等意見相同，均與中日會議所載不相違背，茲准前因相應照覆貴代理大臣查照，即煩轉達貴國政府可也」。〔註32〕

東三省總督徐世昌趁熱打鐵建議道：「中日接收新奉鐵路條款第三條第二款載明，除吉長鐵路接展支路外，如中國自行建造他路，與南滿洲鐵路公司無所關涉等語。是建造該路實與南滿洲鐵路毫無干涉，應請日本政府不必過慮。總之，接展關內外鐵路，係我中國內政，決無外人干預之理，自應據理力爭，以清權限。」〔註33〕爲使朝廷堅持定見，徐世昌、唐紹儀致電外務部，力陳關外延長線不能因日本人的干涉而停止，「惟前於本月十三日，曾肅密函擬展築新法鐵路事，申明宜從速定議，至今未奉覆示，竊思展築此路，係爲交通三省、漸收主權起見，斷不能因日人無理干涉遽行停止，務望鈞部力持，迅覆以憑遵辦」。二人還提醒外務部，「鈞部咨文內稱，延長關外路線爲我國交通便利起見，與南滿洲鐵路毫不干涉，既非於該路附近另設並行之幹線，亦非侵害該路利益之枝線，該使（指日使）不必過慮等語，此意想鈞部當以爲然」。〔註34〕

唐紹儀還有他的應付辦法，就是先含混其詞，專就中國自主的權力而言，其後他又密電外務部，主張不顧日本反對，迅速開築，「克期集事」。但外務部因受到日本的抗議，遲遲不敢定案。徐世昌、唐紹儀只得反覆陳說建築新法鐵路爲我國內政範圍之事，不能屈服於日人的壓力。

唐紹儀對與英商的合同很有信心，因此對日本人態度強硬。1908 年 4 月 7 日，唐紹儀在外務部回應日本駐華代理公使阿部的質問時，堅持既定立場，稱「本案固須待日後由外務部正式交涉，但該線將來運輸之貨物原非爲滿鐵所能運送，故修建該路絕非侵害滿鐵利益；日本竟出而反對，實在百思不得其解」，並指責日本此舉實際是阻礙東北的發展。日方對此番解釋很不滿，稱

〔註32〕王彥威纂輯、王亮編：《清季外交史料》（三），卷206，《外部致日代使阿部關外鐵路敷設新線距離南滿幹路，總不減於歐美慣例照會》，3171頁。

〔註33〕王彥威纂輯、王亮編：《清季外交史料》（三），卷208，《東督徐世昌咨外部，接展關外鐵路係我內政，外人不得干預，請據理力爭文》，3195～3196頁。

〔註34〕王彥威纂輯、王亮編：《清季外交史料》（三），卷207，《徐世昌、唐紹儀致外部關外延長線不能因日人干涉停止電》，3190頁。

唐紹儀是「搖舌鼓脣，多方辯解」。〔註35〕

　　光緒三十四年（1908）四月初七日，外務部致電日使林權助，言辭懇切地解釋中國政府並沒有「置成約於不理」，想當年訂約之際即曾提出「並行二字範圍甚廣，須定以里數言明在若干里以內不能築造並行線」，但「日本全權大臣以爲若定里數，自他國視之，若有限制中國造路之意。繼又謂按照歐美通例定出並行線相距里數，又以通例亦不一律，不必載明。並由日本全權聲明，中國將來凡有發達滿洲地方之舉，日本決不攔阻等語。前言具在，出於至誠及友邦最篤之誼，自應彼此共遵。夫發達地方，孰若添築鐵路，便利交通爲最要。該路與南滿洲鐵路相距甚遠，實不能作爲附近並行，至謂有害幹路之利益，不特無害也，而且與有利。緣枝路愈多，則幹路之生意愈旺，吉長鐵路之與南滿鐵路其一例也。且查新法鐵路直接關外路線，所經海口爲營口、天津，俱屬封河之口，南滿洲鐵路直達大連，爲不凍之口，滿洲所有出口之生產，必多取道南滿洲之鐵路，直達大連，以期便利，矧法庫以西，俱屬蒙境，若通鐵路則往來便利，貨物充牧，南滿洲鐵路生意必因之愈盛。」〔註36〕

　　清政府還謀求日本盟國英國的支持，光緒三十四年（1908）四月初八日，外務部致電清駐英公使李經方，謂「新法距南滿鐵路甚遠」，「展修該路乃發達地方之首務，與南滿路相距甚遠，確非附近並行，不特無所侵損，且多此枝路，交通便利，生意愈盛，與會議錄並無違背，除已照駁日使外，希詳告英外部」。〔註37〕

　　日本人阻撓新法計劃，一時遭到各國輿論的普遍反對。牛莊外僑商會決議認爲「新法路在增進與發展滿洲（即東北）貿易上，是最緊要的不可缺少之舉」，對日本的阻撓手段「表示強烈抗議」；牛莊稅務司美國人克拉克指責「日本無視先前的門戶開放宣言，企圖蹂躪各國的商權」；各領事及重要商人對日本也「皆抱有極端反對的意見」。因日本此舉也直接傷害了英國資本家在中國的利益，因此英國輿論更是普遍憤慨，認爲日本違反了英日同盟條約所要求的維護中國獨立與領土完整及保持各國工商業機會的原則，違反了門戶

〔註35〕吉林省社科院《滿鐵史資料》編輯組編：《滿鐵史資料》第2卷「路權篇」第1分冊，第64～65頁，中華書局1979年版。

〔註36〕王彥威纂輯、王亮編：《清季外交史料》（三），卷214，《外部致日使林權助，接展新法鐵路係爲發達地方，不能作爲附近並行線照會》，3271～3272頁。

〔註37〕王彥威纂輯、王亮編：《清季外交史料》，卷214，《外部致使英李經方，新法距南滿鐵路甚遠，希告英廷電》，3272頁。

開放政策。中英（銀）公司駐華總辦濮蘭德指斥日本的態度代表著日俄戰前的一種「勢力範圍」的舊觀念；英商保齡公司代表扶林誌認為日本的干擾如獲成功，實無異於可有權超越中國而拒絕英商承包該鐵路工程，此將形成一個極為嚴重的先例；英國商會則不承認日本的「競爭線」、「並行線」等說法。此外，倫敦的《泰晤士報》、《財政報》、《政治報》，英人在上海所辦的《北華捷報》等，均有文章批評日本的做法。〔註38〕英國《泰晤士報》於1907年12月28日載文說，日本反對修築該鐵路的理由是不能成立的，是「不符合門戶開放政策的」。日本新聞媒介則不斷刊登日本的警告。司戴德對此不屑一顧，他確信，英國駐華公使朱爾典（Jordan ,Sir John.H）會「支持」英國公司，英國《泰晤士報》駐北京記者莫理遜（George E.Morrison）會使英國外交部「反對日本的干涉」。英國外交部將會對英國保齡公司給予「外交上」的支持，「築路工作在春天就會開始」。〔註39〕

然而情況並非司戴德想的那麼順利。日俄戰爭之後，由於東亞局勢的變化，日英兩國間互有需求，因而於1905年續訂了1902年的《英日同盟》，英國政府希望日本維護其在東亞的利益，日本則希望繼續利用英國為其侵略利益服務。英國在東北亞的外交政策依日本的政策為轉移，這就決定英國政府不會因支持個別資本家在東北從事日本反對的經濟活動，而同日本發生衝突。日本也利用日英盟國的關係向英政府施加壓力。很快，日本的外交努力就取得了效果。最終，唐寧街向它的盟國屈服了。1908年2月3日，英國外交大臣對日本駐英國大使小村表明了英國政府的態度：英國政府認為保齡公司在東北修築鐵路「欠妥」，同時下令英國駐華公使朱爾典按英國政府的意圖去處理此事。〔註40〕即便如此，在倫敦的莫理循和在中國的濮蘭德還是在遠東和歐洲發動了一場反日的宣傳運動，指出對門戶開放的威脅來自日本在滿洲的權勢。整個1908年他們都在試圖動搖英國政府的立場，但失敗了。〔註41〕

日本在向英國政府施加壓力的同時，也考慮到以暗中賠償英國銀行團的損失，來與英方達成妥協。為了平息輿論的反對，日本更表示願意作出「讓步」：即（1）中國同意放棄新法路，而修建法庫門至南滿之支線；（2）或者

〔註38〕見張曉輝、蘇苑著：《唐紹儀傳》，88～89頁，珠海出版社2004年版。
〔註39〕Herbert Croly,Willard Straight, P.254.
〔註40〕《日駐英大使小村致外相電》，1908年2月4日，第5號，載《日本外務省檔案膠捲》，MT585,MT.1.7.3.56_58頁。
〔註41〕Ffrench to Willard Straight ,Straight papers ,Olin Library,Cornell University.

日本同意中國修新法路，而中國同意南滿公司修築由鐵嶺至法庫門並延至北鄭家屯的鐵路。〔註42〕這其實是以犧牲中國利益來同英商妥協。英政府的態度及日本的努力使輿論部分轉向日本的立場，指責中國的新法路計劃侵害南滿鐵路利益，是「蔑視條約和背信棄義之行為」；而日本在東北的侵略舉動則是「戰勝國在戰後符合公理的權利」，同時攻擊「中國誘引英國介入，是唆使他人於火中取栗，自充口腹」。〔註43〕1908年1月20日，《泰晤士報》以「中國與日本」為題，發表了一篇冗長又偏見頗深的社論，強烈責難中國。認為在東北地區，「中國早在幾年前就毫無地位可言了，如果不是日本在上次戰爭（指日俄戰爭）中奮力作戰，中國在那裏仍會一無所有」。「考慮到日本在滿洲對中國以及在廣義上對世界所做的貢獻（把俄國人趕出那個省份），中國對日本在滿洲的一些做法大發怨言，至少可以說是不夠禮貌」。〔註44〕英國態度的轉變說明，帝國主義列強之間在爭奪殖民地權益中雖然矛盾重重，但在犧牲弱國利益的前提下是可以達成諒解、甚至狼狽為奸的。

英國政府在新民至法庫門鐵路問題上採取的「迅速而滿意的措施」，使興高採烈的日本外相代表日本政府向英國政府表示「深厚的謝意」。〔註45〕伊藤公爵則稱讚英國政府不支持該國資本家的新民——法庫門鐵路計劃是「正直可欽的公見行動」。因為這個計劃如果實施將「損失日本人」在日俄戰爭中所獲得的「唯一資產」。〔註46〕

有了英國的支持，日本更加強硬。光緒三十四年（1908）五月二十九日，日本駐華代理公使阿部狂妄地威脅外務部，稱「日本既可在南滿洲經營鐵路，則不能不得有相當之利益，……總之清國斷不造設與貴國管理鐵路對抗之路及為有害滿洲鐵路之利益等事。……苟漠視成約，不顧帝國政府屢次之警告，另訂契約敷設與南滿鐵路競爭之線路，此等放縱之行動，帝國政府斷難容認。」〔註47〕

〔註42〕吉林省社科院《滿鐵史資料》編輯組編：《滿鐵史資料》第2卷「路政篇」第1分冊，第59、61～62、70～72、82頁。

〔註43〕《盛京時報》光緒三十四年正月十五日、二月十三日。

〔註44〕〔澳〕駱惠敏編、劉桂梁等譯：《清末民初政情內幕》（上），第541頁，知識出版社1986年版。

〔註45〕《外相林給小村大使的回電》，1908年2月4日，第5號，載《日本外務省檔案膠捲》，MT585,MT.1.7.3.第186頁。

〔註46〕G.P.Gooch&H.Temperly:British Documents on the Origins of the War, vol.8, London,1929. p.467-468.

〔註47〕王彥威纂輯、王亮編：《清季外交史料》（三），卷214，《日代使阿部致外部新

日本駐華代理公使阿部這個照會使清中央政府對此問題畏縮難決。
總之，日本與英國的破壞與威脅使新法計劃最終遭受挫折。

法鐵路於南滿線影響甚大，請容納勸告照會》，3281～3282 頁。

第四章　唐紹儀使美

　　新法計劃的失敗並沒有使奉天巡撫唐紹儀氣餒，他再次轉而尋求同美國資本的合作。1908 年 7 月，唐紹儀以前往美國致謝退還庚款的專使大臣的身份，趕赴美國展開外交活動，力圖利用美國減收的庚款作抵押引進美國資本設立他籌劃的東三省銀行、開發東三省資源，並就已在傳說中的中美德聯盟問題，作進一步的試探，企圖通過更高層次的中美合作（同盟），來增強對抗日本的力量。

　　不料，國際風雲難測、國內政局變幻——美日羅脫-高平協定的簽署，慈禧太后的離世，宣告唐紹儀使美功敗垂成。

一、專使大臣

　　英國政府制止了保齡公司在東北修築鐵路的行動，但司戴德並沒有放棄引入美國資本以同日本在中國東北南部的勢力進行抗衡的行動。正好，當時美國國內退還部分庚款的呼聲又使司戴德找到了新的切入點。

　　所謂庚子賠款，是指 1901 年（光緒二十七年）9 月 7 日列強逼迫清政府簽訂的《辛丑條約》所規定的賠款，因係針對 1900 年（庚子年）的義和團運動而起，故名庚子賠款。賠款共計四億五千萬兩，年息四釐，本息共計九億八千二百二十三萬八千一百五十兩，其中美國可得二千四百四十四（2444）萬美元。後來，美國政府成立了損失賠償委員會，對賠款進行了嚴格調查。結果認為，當初在向中國申請的三百三十（330）萬元賠款中只有二百（200）萬元是正當的。這個數額和陸海軍的實際費用約九百（900）萬元加在一起共計一千一百（1100）萬元。從二千四百（2400）多萬元中減去上述數額還有一

千三百（1300）萬元，即為超出美國實際損失的浮多款。一方面，美國人民對中國賠款的沉重負擔抱有一種同情心；另一方面，自 1905 年以來，因抗議美國迫害華工和反對續訂禁止華工入美的不平等條約，中國各地爆發了抵制美貨運動，為了緩和中國人民的反美情緒，美國駐華公使柔克義建議將浮多部分賠款退還中國，作為留美中國學生的教育經費。後經美國政府研究決定，除留二百（200）萬元以備將來對「受害人」重新審查外，將其餘近一千一百（1100）萬元返還給清政府，藉以「證明對中國誠摯的友誼」。

就此，司戴德打起庚子賠款的主意。他首先向徐世昌和唐紹儀建議，使用退還的庚子賠款，成立東三省銀行並發展東北產業。為使這一新計劃獲得美國政府的支持，司戴德於 1907 年 11 月 18 日到了海參崴，同正在遠東考察的美國陸軍部長威廉・哈伍德・塔夫脫（Willian Howard Taft）在火車上進行了長談，他向塔夫脫介紹了東北的局勢，詳細講解了東三省銀行計劃，他請求塔夫脫幫忙說服美國政府把同意退還給中國的庚子賠款的一部分用於東北的經濟發展，他還勸塔夫脫說，這是「加強美國在東北利益」的「一個難得的機會」。〔註1〕司戴德的建議引起了塔夫脫的興趣，他對把庚子賠款作為美國發展東北經濟的貸款計劃表示「歡迎」。為進一步促使塔夫脫下定決心，司戴德還向塔夫脫說，現在是美國在東北採取行動的「良機」，一旦美國利用了這個「良機」，美國就可以得到「豐富的成果」。〔註2〕顯然，他的話打動了一年半後入主白宮的塔夫脫，當司戴德要在哈爾濱下車時，塔夫脫同意了司戴德的計劃，並向司戴德保證說，「羅脫和羅斯福將會給這個計劃以有利的考慮」。〔註3〕但是，這個計劃所要採取的第一步行動，必須出自中國。〔註4〕司戴德在幾天以後，給法國東方彙理銀行職員賈思納（Casenava De）的信中說，如果美國政府「接受」了他向塔夫脫提出的關於把退還的庚子賠款用於發展東北的計劃，那就證明，美國政府「傾向於把滿洲看作是一個公正的地區，而不是把它看作是必須特別注意日本人的敏感反應的地區」。〔註5〕

由於中日雙方在新法鐵路問題上意見分歧，爭執不下，清政府曾提議將爭執交海牙國際法庭裁判，但遭到日本的拒絕。在這種情況下，唐紹儀決心

〔註 1〕 Straight,memo,23,November,1907. NA,RG59:2413/93.
〔註 2〕 Herbert Croly,Willard Straight, P.250.
〔註 3〕 Straight,memo,23,November,1907. NA,RG59:2413/93.
〔註 4〕 Straight,diary,20,November,1907.Straight papers, Olin Library, Cornell University.
〔註 5〕 Herbert Croly,Willard Straight,P.251.

加大力度推動其原擬的開放東北、聯美制日的方案，以擺脫日本獨霸東北、掣肘中國的不利局面。而且，1908 年以後，美國的經濟危機暫告緩和，美國資本家又恢復了對中國東北投資的能力與興趣。因此，中美關係再度趨於密切。在一片中美同盟的鼓譟聲中，哈里曼通過與唐紹儀關係密切的司戴德開始重新與唐接洽關於東北開發事宜。

致力於促進美國資本進入滿洲的司戴德同美國減免庚款事宜繼續保持著接觸。同時他告知唐紹儀，他曾在海參崴把這個題目提出來與塔夫脫討論，並轉達陸軍部長塔夫脫所說的，「為實現以退還庚款為基礎的一筆美國貸款，所要採取的「第一步行動」必須出自中國」的話，〔註6〕而此時唐紹儀恰好要奉旨進京，正可以為東三省事宜與朝廷官員進行爭辯，以贏得他們對自己計劃的支持。

中國東北當局對司戴德的計劃是積極支持的，唐紹儀具體建議利用退還的款項作為一筆滿洲借款的抵押。1908 年 3 月，唐紹儀奉命晉京襄辦外交和面商新奉鐵路事宜，其實主要是為了就他出使美國的事宜進行磋商。唐紹儀出發前，東三省總督徐世昌在盛京召集黑龍江、吉林、奉天三省巡撫舉行會議，討論利用美國退還庚款事宜及唐紹儀晉京爭取清廷和袁世凱支持聯美制日、開發東北計劃的問題，會議通過了由奉天巡撫唐紹儀提出的東三省貸款計劃，並一致決定：「萬不得已，惟有借用洋款之一說。」為表示對抗日本的決心，唐紹儀聯同東三省其他督撫聲稱：「萬一此事被駁不行，三省督撫將聯袂告退。」〔註7〕會後東北當局向清廷上了祈求批准的奏摺。此舉當然與司戴德的計劃合拍，司戴德立即向美國政府彙報了該次會議的情況，希望得到美國政府的支持。

正當司戴德雄心勃勃地準備大顯身手之時，一個偶發的外交事件卻將他推下了美國駐奉天總領事的座椅。司戴德一直主張對日本採取強硬政策，並身體力行地與盤踞在中國東北南部的日本進行了針鋒相對的爭奪與抗爭，極力鼓動美國等國家的資本向東北擴張，這些活動必然會觸怒日本。因此，日本人不斷地毀損美國領事館的過往信件，並到領事館前滋事鬧事，終於釀成了「奉天事件」。

〔註6〕Straight, diary, 20, November, 1907. Straight papers, Olin Library, Cornell University.

〔註7〕《盛京時報》光緒三十四年二月八日第 5 版、二月十二日第 5 版。

　　事件的大致過程是這樣的：日本郵差同美國駐奉天總領事館的門衛發生糾紛，並強行闖入領館，經過撕打之後，日本郵差被推出門外，但是，該郵差又找來四個同夥，再次闖進領事館，甚至闖入司戴德的臥室。領事館的人員逮捕了這五個人，並把他們扭送到日本駐奉天領事館。〔註8〕這一事件發生的時間正好與日美因日本在美國加利福尼亞洲移民問題發生衝突的時間吻合。事件發生後，日本駐美國大使高平要求美國國務院對美國駐奉天總領事館的「超越領事館職權範圍的行動做出解釋」。〔註9〕司戴德在給北京的宣傳局長喬治‧馬文的信中「詼諧地描述」了事件的過程。但是信件發出之後，他開始擔心事件泄露出去，會發生不利於自己的影響，又急忙電告馬文：「不要利用」他在信中提供的事實。但是，馬文還是在天津的一家報紙上發表了一篇敘述「奉天事件」的「生動的通訊」。結果，美國各報紛紛轉載該通訊，並打電報給司戴德，讓他進一步提供情況，司戴德擔心馬文的通訊給他帶來的後果會使他失去總領事館的職位，毀了他有關東北的計劃，不予回應。他在1908年4月14日給馬文的信中說，「你可能想不到，它（那篇通訊）將給我多麼大的影響」。〔註10〕果然，美國國務院對此十分震驚，立即批准了司戴德於幾個月前就提出的到東北北部調查「農業和商業可能性」的請求。司戴德很清楚美國政府批准此行的用意，並已預感到他有可能被解除駐奉天總領事的職務。他在1908年5月7日寫給喬治‧馬文的信中說：「權衡之後，我決定進行此次旅行。……我有一個感覺，就是國務院並不是想瞭解關於東北北部的貿易情況。我將不會對在旅行結束後命我回國或到其他地方去的一紙公文在等我而感到驚奇。」〔註11〕司戴德的確很想利用這一機會對東北北部進行考察，1908年5月24日，在助手吉爾斯（Gills）的陪同下，以及東北當局特派的一支衛隊的簇擁下，司戴德開始了他的調查。他的計劃路線是乘火車到長春，然後到吉林，從吉林到琿春，再從琿春到寧古塔，從寧古塔到哈爾濱，然後乘船沿松花江和黑龍江到同琿春相對的海蘭泡，最後他準備對擬議中的新民屯經法庫門到齊齊哈爾的鐵路全程進行實地的勘察。但是，當司戴德一行旅行到齊齊哈爾時，美國國務院打來電報，命他儘早回國。1908年7月30日，司戴德回到盛京（瀋陽），兩周後動身回美國，〔註12〕結束了他為

〔註 8〕 Herbert Croly, Willard Straight, P.258.
〔註 9〕 Herbert Croly, Willard Straight, P.258.
〔註 10〕 Herbert Croly, Willard Straight, P.260.
〔註 11〕 Herbert Croly, Willard Straight, P.261_262.
〔註 12〕 Herbert Croly, Willard Straight, P.266.

期兩年的駐奉天總領事的使命。

司戴德的離職，雖然令唐紹儀等人黯然神傷，卻不能止住他們已邁出的聯美制日的腳步。

唐紹儀到北京之後，慈禧太后、光緒皇帝向他垂問了「奉天交涉諸大端」，他奏稱「近日較前益形棘手，惟有內固民智，外保邦交，設法挽回」，又「力主借外債興海軍」。〔註13〕興海軍之議雖遭罷議，而外保邦交——主要是聯美制日之議則得到了支持。

1908 年 4 月，袁世凱在接受美國記者採訪時，表示了對美國的好感以及對美國給予中國外交支持的迫切希望。袁世凱說：「日本人在完成他們國家發展進步的過程中……有外部大國的友好支持，並且在他們國土上也不存在來自列強的私欲和野心去牽制和阻撓他們。……我期望，西方，尤其是美國的開明人士在這方面能夠給大清國以賞識和鼓勵，並能在大清國面臨的改革偉業面前，給予我們精神和道義上的支持，正像他們在一個類似的歷史時期曾給予日本的一樣。」在談到對中美關係的看法時，袁世凱說：「我們和美國的關係是非常重要的。這種看法從來沒有像現在這樣真切……如果說在不遠的將來，大清國在關係到國家主權和領土完整的嚴峻時刻必須挺身抗擊的話，我們會期待並信賴美國能夠為保護我們的權利而在國際上善施影響。」〔註14〕袁世凱的這番講話表明了清廷對聯美的期待，也表明聯美制日政策得到清廷的有力支持並成為政府施行的外交方案。

正當袁世凱、唐紹儀積極策劃出使美國尋求外交支持的時候，美國國會終於在 1908 年 6 月 23 日正式通過批准了削減清政府的庚子賠款數額的法案。袁世凱認為這是引美國勢力入東北以牽制日俄的大好機會，因為退還庚款的決定也正好為唐紹儀擬議中的聯美外交活動提供了冠冕堂皇的理由，於是唐紹儀的出訪歐美之行便提上了日程。

1908 年 7 月 18 日，清政府宣布上諭稱：「美國與中國立約以來，邦交素篤，此次減收賠款，尤証友誼敦睦，尤宜遣使致謝，用酬嘉意，奉天巡撫唐紹儀著加尚書銜，派充專使大臣，前往美國致謝。」〔註15〕7 月 20 日，清政

〔註13〕《盛京時報》光緒三十四年二月十九日、五月廿七日。

〔註14〕鄭曦原編：《帝國的回憶——〈紐約時報〉晚清觀察記》，第 141～145 頁，三聯書店 2001 年版。

〔註15〕王彥威纂輯、王亮編：《清季外交史料》（三），卷 215，《諭派唐紹儀使美致謝減收賠款事》，3289 頁。

府再命專使大臣奉天巡撫唐紹儀兼充考察財政大臣，分赴日本及歐美諸大國，「將諸國經理財政辦法詳細調查」。〔註16〕另據鄭礪石《唐紹儀生平二三事》載，唐紹儀取道日本赴美，還有一個特別任務：當時孫中山領導的同盟會在日本東京進行革命活動，留日學生紛紛響應，並出版《民報》等刊物鼓吹革命，革命刊物在國內大受歡迎，清政府卻畏之如毒蛇猛獸，因此特命唐紹儀取道日本，請求日本政府禁止這些革命刊物的出版，並「許以多項交換條件」。〔註17〕為表示對此次出使的重視，光緒帝特為唐紹儀賞加尚書銜，並賜頭等第三寶星一座。經唐紹儀奏請咨調，從中央各部院和直省道府共抽調28人作為出使隨員。在國庫空虛的情況下，清政府撥出20萬銀，充做唐紹儀的出使經費。

名義上，唐紹儀出使美國是為減收庚款之事前往致謝；實際上，他是去與美國直接磋商借款開發東北等一系列事宜，並通過這種經濟手段達到與美國接近直至建立中美聯盟的政治目的。而兼充考察財政大臣的名義，使唐紹儀可以名正言順地由美國前往柏林以與德國聯絡，以探討德國所提議的中美德三國同盟的可能性。德國駐中國公使雷克司當時即向柏林報告說：「唐紹儀已經機密地談起他赴美的使命。道謝美國退還賠款只是一個藉口，真正的目的是為接近德美鋪平道路。……唐請我通知帝國駐華盛頓大使，他將以考察問題專使名義取道歐洲返國。」〔註18〕由此可見，這是一次極為重要的外交之旅。〔註19〕

這是在20世紀初年以來民族意識進一步覺醒、資產階級立憲運動逐步高漲的形勢下，被逼上改革道路、進行憲政改革的清政府意欲振作的一個舉措，它表明清政府企圖改變任人擺弄的命運，走出外交孤立困境的願望。唐紹儀

〔註16〕中國第一歷史檔案館檔案：《外務部・中美關係・財政金融》第3482號。
〔註17〕見《廣東文史資料》第7輯，第173～174頁。
〔註18〕孫瑞芹譯：《德國外交文件有關中國交涉史料選譯》第3卷，第49頁，商務印書館1960年版。
〔註19〕1907年，德國駐北京公使雷克司向德國首相布洛夫建議締結中美德聯盟，以對抗英日同盟和法俄同盟的聯合。1908年，德國駐華盛頓大使師特恩博和美國政府詳細討論了關於中美德三國達成一個政治諒解的問題。但是羅斯福聲明，「他不願和中國有這樣一個協定，因為中國將因此誤會而走到一條反日的道路上。一個中日衝突將會發現中國完全沒有武裝，且在這種情況下，德國和美國均不能保護中國以抗日本。」（見外交大臣許恩男爵的記錄，1910年2月10日呈閱，載孫瑞芹譯：《德國外交文件有關中國交涉史料選譯》第3卷，第133頁。）總之，由於羅斯福的反對，這個計劃流產了。

是這一次重大外交行動的主要策劃者和實行者，軍機大臣、外務部尚書袁世凱則充當這一次行動的有力支持者和推動者，這反映了當時清政府在袁世凱、唐紹儀等新進人物的主導下，不管在內政或外交方面，都力圖一搏以挽封建統治將傾之大廈的決心，並且在這一搏中他們還要抓住美國，況且在美國方面，有司戴德這樣的熱心者。

但是，如一位美國學者所說的那樣：「退還減免庚款計劃，作為金融和外交上的一項計策，在中國對於解決滿洲問題，像司戴德和唐紹儀所解釋的那樣，有著根本意義。後者看到，中國被列強間訂立的種種條約、協定層層包圍了。司戴德也同樣覺察到前景暗淡，特別是在日本干預的地區；然而他還有在滿洲建立一種堅實的經濟勢力，使之與他理想中的美國在華作用相稱的另外難題。庚款問題是扭轉滿洲和中國事態趨向的一種手段；但由於是一個孤立的工具，它過於單薄了。更多的工具勢所必需，司戴德要利用它們。」〔註20〕司戴德和唐紹儀面前的路不是平坦易行的。

的確，利用退還的庚款作為契機，拉住美國，在清政府看來，無論在金融上還是外交上都是解決東北危機成敗攸關的一步。就兩個倡導者而言，唐紹儀感到列強之間就中國特別是東北而訂立的條約、協定、密約如層層繩網，越來越緊，中國非一搏無法擺脫；就司戴德來說，儘管幾次碰壁，但他仍然無法忘懷在滿洲的努力。同樣，司戴德把利用退還庚款作為扭轉事態的一種手段，但是僅此一端又過於單薄，還需要從其他方面著手。他仍然希望哈里曼加入進來。因此，司戴德寫信給哈里曼說，「掌管一個國家的全部鐵路的前景可能會吸引住你。當然，向你保證通過從事東三省銀行的創辦你就肯定會受委託管理更大的事業是不可能的。然而，儘管有許多尚待克服的障阻，但我個人確信，情況會是這樣。……在提出這份關於東三省銀行的計劃時，我肯定地認為，這樣一個在美國管理下的機構的前途，將不獨與滿洲、而且與整個中國的開發密切相關。不管怎樣，這是我個人所深信不疑的。因此，我盡力向你提供一份明確的計劃，確信通過向你展示那些前景，你本人會意識到其重要性並願意親自參與進來」。〔註21〕哈里曼就此請求美國國務卿羅脫召回司戴德，以便對關於美國在滿洲的投資機會問題進行磋商，並為唐紹儀的

〔註20〕〔美〕查爾斯·威維爾著，張瑋瑛、李丹陽譯：《美國與中國：`財政和外交研究（1906～1913）》，第49頁。

〔註21〕Straigh to Harriman ,16,February,1908. Straight papers,Olin Library, Cornell University.

赴美做好準備。

實際上，當時司戴德因奉天事件已準備回國。臨行之前，他曾與預計不久即將赴美國的唐紹儀進行了詳談。司戴德告誡唐紹儀說，「我們美國人首先是商人」，他們堅持任何金融業務都「必須以盡可能具體的形式提出」，勸說唐紹儀向美國金融界提供實質性的東西。〔註22〕離開奉天的前夕，他與唐紹儀簽署了一項「沿著我們以前討論過的路線」的備忘錄。這一備忘錄（協議）規定以一筆二千萬美元的貸款成立作爲東三省地方當局的財務代理的銀行，並議定銀行的任務是穩定東北的金融、開發東北的農礦森林、在東北進行鐵路投資等，並以退還的庚款和中華帝國的擔保來保證這一貸款。二個人還草擬出了幾個初步方案，其中包括從俄國收購中東鐵路以及修築一條由齊齊哈爾到璦琿的鐵路的計劃。司戴德希望有美國著名人士的參與，作爲對由東三省地方當局與美國貸方共同管理這一事業的酬答。這份草合同爲唐紹儀赴美鋪平了道路。唐紹儀委任喬治‧馬文作爲他的代表在華盛頓作準備：接通重要聯繫並爲使團成員尋找適合的下榻之處。

1908年10月3日，唐氏一行從上海啓程，乘美國船隻先往日本，計劃在日本考察之後再赴美國。

對於唐紹儀此次美國之行，當時國內輿論極其樂觀，但是，作爲一種外交政策，聯美的基礎是極爲脆弱的。因爲日本決不會坐視中美聯盟的實現，而美國的遠東政策也仍然將日本擺在優先地位。這樣一來，日美諒解的可能性就大大高於中美聯盟的可能性，聯美計劃的勝算其實是極低的。〔註23〕

二、功敗垂成

1908年9月，司戴德回國，這使他失去了同日本爭奪東北利益的一個有利的條件，但是他並沒有灰心，也沒有放棄把美國利益捲入東北的決心和行動，回國後他開始了新的行動。他對與唐紹儀的協議仍抱有很大的希望，他認爲，如果該協議能夠實現的話，美國政府就會對日本在東北的行徑採取強硬政策。他認爲美國對日本的態度不強硬的原因是美國的大資本利益沒有捲入到東北中來，因此，他的所作所爲就是要設法讓美國大資本家或者政府向

〔註22〕Straigh to Tang Shaoyi ,11,August, 1908. Straight papers ,Olin Library, Cornell University.

〔註23〕張曉輝、蘇苑著：《唐紹儀傳》，96頁。

東北投資。圍繞這個目的，他在卸任回國後立即採取了一系列旨在勸說美國向東北投資的行動。

　　司戴德從東北帶回的同唐紹儀簽訂的協議只是中國單方面的協議，他必須設法找到願意到東北投資的美國資本家在協議上簽字。而做到這一點，他必須解決下述兩個問題：其一，必須使美國資本家認識到東北是一個值得投資的地區，在東北投資是可以獲利的；其二，必須確保美國政府對在東北投資企業的支持。

　　關於第一個問題，他首先想到在東北鐵路計劃中受挫的哈里曼。此時，哈里曼的企業已從 1907 年的經濟蕭條中恢復過來，又準備參與任何有關在東北修築鐵路的計劃。在回國前夕，司戴德已給哈里曼寫了一封信，介紹了利用退還庚款設立一家中美銀行的設想。司戴德一到紐約，國務院遠東司司長威廉·菲利甫斯（William Phillips）就通知他，哈里曼急於同他會談。之後，他向哈里曼通報了他同唐紹儀簽訂的協議的內容。〔註 24〕哈里曼聞後欣喜若狂，立即讓坤洛公司同司戴德就貸款問題進行討論。1908 年 11 月 2 日，坤洛公司代理人希夫（Jacob H.Schiff）和國務院遠東司代理司長奧托·昆恩（Otto Kuhn）通知司戴德，他們準備根據司戴德和唐紹儀簽的協議為基礎，考慮向中國東北貸款的問題，並讓他轉告唐紹儀，他們願意就此問題同唐紹儀進行談判。於是，司戴德致電唐紹儀稱「事情進展十分順利」，「並且貸款之事有可能商妥」。〔註 25〕唐紹儀當時正值赴美途中，11 月中旬，唐紹儀在檀香山收到了司戴德打來的電報。〔註 26〕

　　為獲得美國政府的切實支持，司戴德到華盛頓同國務卿羅脫會談。會談中，他向羅脫詳細介紹了同唐紹儀簽訂的協約的內容，但是，羅斯福政府所執行的其實是對日綏靖政策。屆時，羅脫正與日本駐美公使高平舉行會談。由於羅斯福的對日方針，羅脫無意採取對日敵對或會遭到日本反對的政策，因此，他不打算支持司戴德同唐紹儀的協議，但是，又找不出反對的理由，只好對司戴德說，他不反對該協議的內容，但是希望不要使日本產生這種印象，即哈里曼或中國方面在履行該協議時，是受到了美國政府的支持。這實際已經公開向司戴德講明，美國政府不會出面支持這個協議。〔註 27〕

〔註 24〕 Herbert Croly,Willard Straight,P.271.
〔註 25〕 Straight memo to Knox ,26,March 1909, NA,RG59:2413/98-99.
〔註 26〕 Herbert Croly,Willard Straight,P.274.
〔註 27〕 Herbert Croly,Willard Straight,P.274.

　　而中國方面，唐紹儀於 1908 年 10 月 11 日到達東京，隨後就延吉「間島」問題、新法、吉長鐵路問題等與日方展開談判。日本外相小村亦乘機向唐紹儀宣講了一通遠東大勢，指出：中國之所以能夠度過幾次瓜分危機而安然無恙，實在是靠了日本及其盟友英國；清政府如若希望這種和平狀態繼續下去，就應該與日本改善關係，互相提携。他還警告說，現在有的國家正在製造矛盾，挑撥中日關係，希望清政府不要上當。〔註 28〕但唐紹儀與日本外相小村關於新法鐵路問題的會談則未獲得任何協議。最要緊的是，日本拖延時間的陰謀已經達到。在唐紹儀滯留日本的 20 多天裏，日本對美國的外交取得了迅速進展。

　　早在 1908 年 7 月 21，滿鐵公司總裁後藤新平從滿鐵的報告中得知唐紹儀使美的消息後，致函陸相寺內正毅，要求內閣注意唐紹儀訪美的使命，〔註 29〕而小村外相則即刻訓令日本駐美國公使高平小五郎就「太平洋問題在適當時機與美國達成協議」。〔註 30〕

　　就這樣，日本迅速展開了先發制人的外交攻勢：一方面要搶在唐抵美之前與美國改善關係並達成協議，一方面對清政府施加壓力。在唐紹儀即將訪美之際，日本軍警便開始在中朝邊境地區大肆活動，在延吉地區設立分遣所，增派憲兵。1908 年 10 月中旬，日軍開槍斃傷中國警兵。10 月末，日本人在圖門江上架橋，並派兵保護。日軍這一系列頻繁的軍事行動，一方面是要趕在中美接觸之前更多地造成在南滿擴張勢力的既成事實，以取得日後交涉的主動權；另一方面，表明其強硬態度：日本不會因中美同盟而改變在東北的獨霸政策，以此對中國施加壓力，並使美國會更加愼重地處理中美同盟問題。果然，日軍的軍事挑釁令清政府陷於緊張狀態，除指令徐世昌「剋制」、「嚴加交涉，勿輕用武力、墮其奸計爲要」外，外務部連電已到日本的唐紹儀，令其速向日政府開議有關問題，「俾得早日解決，免致滋生事變」。〔註 31〕這樣，日本不僅成功地迫使唐紹儀坐下來談判，在唐紹儀到達美國之前確定日本在東北的利益，同時也爭取到了時間，以便改善與美國的關係。

　　與此同時，日本首相桂太郎命駐美大使高平小五郎再向美國建議談判締

〔註 28〕外務省編：《日本外交文書》第 41 卷，第 1 冊，第 696～697 頁。
〔註 29〕栗原健：《對滿蒙政策史的一面》，第 76 頁。
〔註 30〕外務省編：《日本外交文書》第 41 卷，第 1 冊，第 75 頁。
〔註 31〕珠海市政協、暨南大學歷史系編：《唐紹儀論文集》，第 77～78 頁，廣東人民出版社 1989 年版。

結日美條約。為了改善與美國的關係，日本對美國的排日風潮採取了容忍的態度；對於日美間的軍事緊張局勢，亦進行了遏制和化解。當時，美國艦隊正開往太平洋，美國朝野上下都大肆宣揚美艦出航是對日本的「警告」。對此，日本政府卻表現出罕見的剋制態度，主動地邀請美國艦隊在航行途中順便訪日，以示友好，並趁機炫耀自己的力量。結果卻使羅斯福總統發現美國遠東艦隊「在戰爭實力上，遠遜於日本艦隊」，並擔心中美德結盟會激勵中國對日採取強硬態度，導致另一場中日戰爭。這使羅斯福意識到維護美國在遠東的利益的最好辦法是與日本建立「和平」關係，因而在遠東積極謀求與日本妥協。出於這樣的顧慮，美國接受了日本提出的談判締約建議，於是中、美、德三國同盟的輿論一變而為日、美、英三國同盟之事實。日本成功地化解了與美國的矛盾，事實上已經贏得了中日間爭取美國支持的關鍵一役。〔註32〕

日美談判的結果，是在 1908 年 11 月 30 日，即唐紹儀抵達華盛頓的當天，正式宣布了雙方廣泛性諒解的羅脫——高平換文。日美雙方申明：兩國政府均願在太平洋地區自由和平地發展商務事業；在該區維持現有的狀態，互相尊重各該國在該區域之領屬等。美國政府既然在換文中公開承認維持遠東「現狀」，也就不便大規模地對華借款，以及商議中美同盟等事宜。

唐紹儀得知這一換文之後，立即電告清政府：「美柔使送示與日人互換照會，文日：一、兩國所願，係以和平之法振興兩國，太平洋商務無阻；二、兩國所懷之道，均無侵佔犯越之意，乃實係固守以上所指之地、現有情形，並保護各國在中華所有商務實業之利益；三、因此兩國互相懷有定志，彼此遵守兩國在該地現有地界；四、兩國亦立定志，互相窮盡和平之法，援助中國自主、自全之權，以守各國在中華之利益，及通商實業均霑利益之權；五、日後倘出有犯傷以上所列之舉，以及一體均霑之道，則應由兩國互相通知，以至定議，應設何法為得力云。祈體察情形，妥為因應，隨時覆示。」〔註33〕顯然，這是日本政府利用美國政府外交政策反對美國資本家在東北經濟活動的一次勝利。這對唐紹儀苦心經營了兩年的聯美制日計劃無異於致命的打擊。

日本在短時間內成功地改善了日美關係，說明美國的遠東政策仍將日本擺在優先的地位。美國是以經濟包含政治的方式來壓迫中國的，它的外交是以它

〔註32〕見張曉輝、蘇苑著：《唐紹儀傳》，98 頁。

〔註33〕王彥威纂輯、王亮編：《清季外交史料》（三），卷218，《專使唐紹怡（儀）致外部美使送示與日人互換照會電》，3317 頁。

的經濟本身利害為主動的。〔註34〕從本身的利益出發，當時美國重要的決策人物都認為不應冒損害美日關係的風險去插手中國事務，尤其是當日本作出姿態，謀求改善美日關係的時候。雖然日本在東北的擴張危害到美國的門戶開放政策，在中日之間，美國還是偏向日本的。且羅斯福總統認為中國人軟弱無能，頭腦不清醒，易被強者欺凌，日本人則是東方正在崛起的新興力量的象徵。他說：「要說中國人和日本人是同種，那多麼荒唐可笑啊！」〔註35〕這種觀點在美國政界是有代表性的，它制約著美國的對華政策。美國需要日本這樣的強有力的盟友為它在遠東的利益開拓道路，因此羅斯福根本不贊成美中的聯合。

美國駐華公使柔克義是從一開始就對司戴德在東北的行動持反對態度。柔克義也反對司戴德把退還的庚子賠款用於發展東北經濟的計劃，他主張把這筆錢用於發展中國的教育事業。柔克義認為，教育可以推動中國的政治穩定和商業進步，因此使中國成為一個美國的更為理想、更為富裕的「貿易夥伴」。同時，受美國教育的北京領導人將給美國以「空前的影響」。〔註36〕「從長遠的觀點看，把賠款餘額用於教育」，比用於「滿洲銀行計劃有價值得多」。〔註37〕柔克義哀歎中國的借貸史，指出中國人對於金融問題所知甚少，過高地估計自己的信用，靠臨時權宜的、缺乏保險的財政計劃來度日。他告誡說，借給中國的錢需要有嚴格的外國控制，以避免其無力償還。教育計劃「對於這筆錢來說，比用之於東三省銀行那個靠不住的計劃會有不可估量的報償」。〔註38〕與此相對立，司戴德卻認為，美國在中國的優勢地位，不是通過對中國青年一代的教育，而是取決於對東北的「控制欲」。因此美國必須加緊在東北同日本的爭奪。〔註39〕

20 世紀初，中國青年中形成了一個留日熱潮，許多人負笈東渡。由於去

〔註34〕林春和等編：《北洋軍閥史料選輯》上冊，第 63 頁，中國社會科學出版社 1981 年版。

〔註35〕〔美〕費正清：《劍橋晚清中國史》下卷，第 161～162 頁，中國社會科學出版社 1985 年版。

〔註36〕Micheal H. Hunt,Frontier Defense and the Open Door——Manchuria in Chinese American Relations 1895～1911,P.171.

〔註37〕Rockhill to Phillips,August 1908,NF2413/148.

〔註38〕〔美〕查爾斯·威維爾著，張瑋瑛、李丹陽 譯：《美國與中國：財政和外交研究（1906～1913）》，第 52 頁。

〔註39〕Micheal H. Hunt,Frontier Defense and the Open Door——Manchuria in Chinese American Relations 1895～1911, P.145.

美留學困難較多，路途既遠、學費又貴，因此，中國學生赴美學習者寥寥，這引起了美國的極度不安。在美國教育家看來，哪一個國家能成功地教育這一代中國青年，哪一個國家便將由於付出的努力而在精神上、知識上和商業的影響上獲得最大可能的報償。在1905年中國全國範圍內的抵制美貨運動之後，美國政府認為沒有任何其他方式能比像歡迎並培養一批中國學生那樣具有直接的效果。這些學生在幾十年後，必將對中國的政府、教育、金融及工業諸方面產生強有力的影響。〔註40〕不言而喻，這一觀點與在東北投資相比，更能打動羅斯福。

　　因而，早在1908年3月份的東三省督撫會議之後，司戴德就被告知，不要過多地插手庚款一事。4月，美國駐華公使柔克義對唐紹儀的計劃作出反應，他告知國務卿羅脫，他認為唐紹儀在美國吸引資金以建立東三省銀行的計劃不可能成功：「我只是感到驚訝，像唐紹儀這樣一個能幹的人制訂出這個計劃。」美國國會正式通過退還應得賠款的「餘款」議案後，7月9日，唐紹儀曾特意拜訪柔克義，向他解釋東北銀行計劃，並保證將用銀行計劃的盈餘推動教育，以謀求他的支持，但沒有取得成效。柔克義隨後在致電美國務院的信中，仍對東三省銀行計劃持反對態度，並提醒國務院注意唐紹儀計劃的政治含意。柔克義還在五六七三個月連續三次向清政府發出警告，如不接受美國的決定，中國則有可能得不到賠款餘額。〔註41〕清政府擔心美國翻改原意，在美國的一再催逼之下，清政府外務大臣奕劻覆函柔克義，表示將把退款用於派送學生赴美留學。〔註42〕柔克義也反對美國艦隊訪問中國，因為他認為那樣將是對唐紹儀聯美計劃的變相支持。結果，美國艦隊大張旗鼓地訪問日本之後，只派出幾隻艦艇對廈門進行了小規模的訪問。同時，在日美就遠東問題的協商中，羅脫承諾：美中之間絕不會有同盟關係。〔註43〕

　　就清政府的聯美制日政策來說，美國政府的消極態度當然不是好兆頭，但根本的一擊則來自於日本對美國縱橫捭闔的外交成果：羅脫——高平協定。

　　唐紹儀的出使計劃真正是命運多舛。在外交局面岌岌可危的情況下，中國國內政局又風雲突變。1908年11月14和15日，光緒皇帝和慈禧太后相繼

〔註40〕Jerry.Isreal,Progressivism and the open Door，America and China1905-1921, University Pittsburgh press, 1971.P.44.

〔註41〕Journal of Asia Studies，Vol.31.No.3, 1972, P.555.

〔註42〕Foreign Relations of the U.S. ，U.S Government Printing office,1908,P.72.

〔註43〕張曉輝、蘇苑著：《唐紹儀傳》，99～100頁。

去世，年僅三歲的溥儀繼位，溥儀之父醇親王載灃成爲攝政王。問題的嚴重在於，慈禧太后的逝世，使袁世凱失去了主要的支持者，面對著強有力的親日派以及痛恨他的攝政王，袁世凱自身已成了過河的泥菩薩。這樣的變故，對唐紹儀的訪美計劃無疑是一個沉重打擊。根據清王朝新朝廷的指示，唐紹儀和他率領的整個使團要在舊金山三天的逗留期內深居簡出，一切宴會和其它形式的娛樂活動也被取消。國內的變故，令唐紹儀極爲擔憂，他擔心他的美國之旅會失去朝廷的支持。抵達舊金山幾小時之後，唐紹儀在爲他預定的客房內接見了美國新聞記者，他已不能像往昔那樣對中美聯盟的前景侃侃而談了。在談到國內局勢時，他表現得十分謹慎。對於很多有關此次訪問將會達到何種預期結果之類的提問，一概答以「無可奉告」。〔註44〕

如果說日美的諒解是唐紹儀聯美制日外交失敗的外因，那麼清朝最高權力的交替則是其失敗的內因。1909 年 1 月初，支持唐紹儀訪美的袁世凱被開缺回籍，袁世凱回到河南老家以釣魚韜光養晦。而唐紹儀在「政治上之備受重用，與袁世凱的關係最爲密切，實際爲晚清北洋大臣袁世凱權力擴展的必然結果。換言之，唐氏的權位上昇只是袁世凱權力政治的一環，所有唐氏在晚清對外交涉與鐵路行政所處的樞要地位，均可視之爲袁氏在此方面的代理人，而唐紹儀個人在政壇上的升黜榮枯，也可表示以袁世凱爲中心的權力集團在晚清政局中的擴展與退縮」。〔註45〕20 世紀初的清王朝，雖然已有外務部之設，但其外交政策的制定和實施並沒有一種與時代相符的機制，而是與 19 世紀末相似，依然是由統治集團中權勢最重的官員或派別提出，得到最高統治者的首肯，並非舉朝一致，亦少連續性，往往是人存政存，人亡政亡。朝內的派系鬥爭、政局轉換，重大的人事變動，都能對外交政策產生影響。所謂聯美制日，其核心鼓吹者爲袁（世凱）系官員，尤其以在東北任封疆的幾位大吏態度積極。而袁世凱是核心，且得到了晚清的實際統治者慈禧太后的支持。新的執政者顯然是因爲戊戌舊恨不喜歡袁世凱，而更主要的原因是袁世凱在新政的幾年中利用把持的權力使自己的權力膨脹到了滿洲貴族不能容忍的程度。如果聯美的政策成功，袁世凱的命運或可有轉機，但是「在唐紹儀抵達華盛頓之前，東京已在這場比賽中佔了先，這意味著袁世凱的命運便

〔註44〕張曉輝、蘇苑著：《唐紹儀傳》，102 頁。
〔註45〕李恩涵：《唐紹儀與晚清外交》，《中央研究院近代史研究所集刊》第 4 輯，第 55 頁，臺灣 1973 年版。

從此注定，因爲現在再沒有什麼可以挽救他，使他不致遭受光緒之後和光緒之弟的報復了」。〔註46〕

1908 年 11 月 30 日，唐紹儀到達華盛頓，雖然聯美的希望已經相當渺茫，他還想做最後的一搏。12 月 2 日，唐紹儀只受到羅斯福總統禮儀性的接見。

負責接應唐紹儀的馬文曾進謁羅斯福總統，總統對唐紹儀使團的態度「似乎有點敵意」。他問：「你所代表的這個專使團的眞實意圖是什麼？」馬文向總統所作的解釋並沒有使他信服，於是羅斯福把這一問題移交給羅脫，並且指令：「我們的人民不會接受因滿洲的被侵佔而發動一場對日戰爭的想法，並且我們還未到被迫攤牌的境地」。羅斯福說他一生「從未做虛張聲勢的人，他也不相信虛張聲勢」。但馬文不管總統在另一個場合向他重申了「關於中國問題他所採取的保守立場」，依然固執地竭力纏著國務院。〔註47〕

在華盛頓，唐紹儀終於與國務卿羅脫會了面，但與羅脫的會談沒有任何政治的建設性。在會談中，羅脫嚴守對日本人的許諾，不與清政府建立任何超乎尋常的政治關係，並且阻撓將退還的庚款用於東北，包括用作銀行保證金。唐紹儀介紹了清政府在東北面臨的形勢及與日本官員在東京會談的情形，並提及有關中國與美德結盟的傳聞，對此，羅脫不作任何評論。唐紹儀又談及清政府在哈爾濱俄人自治會問題上的立場，希望得到美國的支持，也未得到積極反應。羅脫只是對唐紹儀提出的各種純經濟性的計劃表示了歡迎。

而此時的塔夫脫，由於正在尋求總統候選人提名，不能同老羅斯福的政策相左，就推掉了此事。因此，司戴德用塔夫脫爲槓杆推動美國政府同意的計劃也沒有取得成效。而且領事局局長也指示司戴德，「不要進一步過問此事」。〔註48〕

在司戴德的介紹下，唐紹儀接觸了一些美國資本家，就東三省銀行計劃和收購東清鐵路問題進行了討論，但也無法取得具體的成果。他只好退而求其次，「不失時機地提出了要求美國財政援助的建議，包括退還庚子賠款的具體辦法和協助幣制改革的一筆借款」。〔註49〕

〔註46〕 〔美〕李約翰著，孫瑞芹、陳澤憲譯：《清帝遜位與列強（1908～1912）》，21～22 頁。
〔註47〕 〔美〕查爾斯・威維爾著，張瑋瑛、李丹陽 譯：《美國與中國：財政和外交研究（1906～1913）》，第 56 頁。
〔註48〕 Wilbur J carr to Straight ,10, February, 1908. NA, RG59:2413/92_94.
〔註49〕 〔美〕李約翰著，孫瑞芹、陳澤憲譯：《清帝遜位與列強（1908～1912）》，26 頁。

在司戴德的協助下，在一份關於如何對待中國混亂和惡化的貿易狀況的備忘錄中，美國首次對中國大量貸款的需求給予了關注。總的貸款計劃的建議引起國務院的積極反應，因爲在美國看來，這個建議完全符合 1903 年 10 月中美商約和 1902 年英中商約的宗旨。羅脫又會見了唐紹儀，在會談中，唐紹儀告訴羅脫，中國打算取消釐金、提高關稅、修改礦務章程、並擬建立金本位幣制，提出中國約需「二億至三億美元」，如果再加上從提高關稅中增收的稅款，便可以對完成改革有所幫助。〔註 50〕羅脫贊同這一貸款計劃，認爲這是一件有條約依據的事，是符合於美國所確立的在華政策的。不過，這位國務卿卻謹愼地指示司戴德：「至於貸款談判，不論是在美國抑或是在歐洲，過去曾提到這是實現上述商約規定前的一個必要條件，國務院並不希望也無權把美國牽涉到任何與這筆貸款有關的法律上或道義上的責任中去。請你牢記並且審愼注意以下事項：我希望你以非官方形式，通過便利唐紹儀爲完成其出使任務所希望會見的美國財界和商界代表的方式，向他提供一切適合的幫助。對於那些唐紹儀希望從其那裏瞭解國務院觀點的人，你可以隨時向他們出示這一信件」。〔註 51〕羅斯福批准了這一行動。唐紹儀以此爲契機，詢問中國是否可以利用退還庚款的利息來爲派遣留學生提供經費，而以退還庚款的其他部分用作貸款的抵押。羅脫沒有明確表態，他在會晤後說，「不論是反對或者贊成，我已闡明的立場，我都不再作解釋。但我想，他若從我的緘默推及其他我未提出反對的項目，那再好不過了」。司戴德對此的理解是政府同意東三省借款，以部分退還庚款爲擔保，這樣就部分地推翻了柔克義的反對。〔註 52〕在司戴德看來，坤洛公司承辦東三省銀行貸款的道路已經打通。但是，中國國內政局的變動卻使談判無法進行下去了。

1909 年 1 月，袁世凱被免去軍機大臣外務部會辦大臣兼尚書等一切職務後，唐紹儀在朝廷內失去了依託。清政府隨之宣布，「派員辦理各國各項交涉要政，皆由監國攝政王斟酌派遣」。這一宣布意味著唐紹儀的使命不被新政府認可，其出使美國之事，竟被指爲「出自項城（袁世凱）一人之意」；是「項城擅授意唐使訂結中美同盟條約」。〔註 53〕隨之而來的，是朝廷連電唐紹儀立

〔註 50〕 Tang Shaoyi talks with the secretary of state, 9, December, 1908 ,NA,RG59：2413/218.

〔註 51〕 Root to Straigh,11, December,1908 ,NA,RG59：2413/213A.

〔註 52〕 Tang Shaoyi talks with the secretary of state, 9, December, 1908 ,NA,RG59：2413/218.

〔註 53〕 《盛京時報》光緒三十四年十二月十七日、廿一日、廿四日。

即回國，並宣布停發使團的經費。至此，袁世凱、唐紹儀共同推動的聯美制日計劃終成鏡花水月。儘管美國政府正式把唐紹儀介紹給了美國銀行家，並授權司戴德從中撮合讚助，但由唐紹儀經手謀求借款已無從談起，其赴美的目的基本上落空了。大勢已去，對於唐紹儀原本的聯美制日目的來說，這一切已經無足輕重。1908 年 12 月 28 日唐紹儀離美赴英。

唐紹儀途經歐洲返國，美國國務院一直密切注視他的行程。美國政府還要求駐倫敦、巴黎和柏林的大使，與唐紹儀保持接觸。美國駐華公使柔克義和英國駐華公使都向清政府請求赦免袁世凱，而司戴德則認為袁世凱很有可能再度得勢，「當然這種發展是我們都誠心期待的」。﹝註 54﹞聯美制日的大幕不會輕易關閉。

美國政府謀求與日本妥協，不願積極支持東三省銀行計劃，致使唐紹儀與司戴德所簽草約夭折。司戴德對此十分懊喪，事後在日記裏寫道：「這件事又是羅斯福一個可怕的外交錯誤」。﹝註 55﹞儘管美國政府認為羅脫——高平協定的簽訂是日本重新確認門戶開放政策而把該協定吹噓為美國外交的勝利，但實際上這是美國對日本的讓步，因為美國承認了它過去不承認的日本在日俄戰爭後在遠東所獲得的權利。雖然該協定暫時緩和了美日矛盾，但大部分美國壟斷資本集團對此大為不滿，稱之為羅斯福「外交上的愚蠢」。﹝註 56﹞

顯然，美國鐵路壟斷資本集團急於向遠東尋找出路，擴大商品市場和投資場所，以擺脫經濟危機所造成的困境。然而，1908 年美國對中國的貿易只占中國對外貿易總額的百分之九左右，美國對中國的投資更是少得可憐，僅占外國資本在中國投資總額的百分之三左右。這種狀況與美國雄厚的經濟實力極不相稱。尤其是日本加緊對中國的侵略擴張，更是嚴重地損害了美國在遠東的利益。因此，美國壟斷資本集團，尤其是洛克菲勒財團，對羅斯福實行與日本妥協的遠東政策極為不滿，竭力主張在遠東與日本展開爭奪，以保護和擴大他們在中國的權益。

我們知道，羅斯福在解釋他遠東政策時曾指出：「門戶開放政策只要為普遍的外交協定所維持，那麼，它在過去和將來都是最好的政策。然而滿洲的

﹝註 54﹞ Straight to Tang Shaoyi ,20,Jenuray, 1909 ,Straight papers ,Olin Library,Cornell University.

﹝註 55﹞ 孫毓棠：《日俄戰爭後美國侵略中國東北的陰謀》，《進步日報》1950 年 11 月 24 日。

﹝註 56﹞ 〔蘇〕B.阿瓦林：《帝國主義在滿洲》，第 131 頁。

歷史證明，當一個強國決定無視這一政策，並甘願爲此而冒戰爭的危險時，門戶開放政策就銷聲匿迹了。」〔註57〕「如果我們想對抗日本在滿洲的政策，那麼就需用戰爭來解決」，而要使「爭奪滿洲的戰爭獲勝」，就「必須有英國那樣好的艦隊，此外還必須有德國那樣好的陸軍。」〔註58〕但在 20 世紀初，美國在遠東並沒有強大的軍事力量。這就是他一再與日本妥協的原因。

唐紹儀的出訪竟跨越了光、宣兩朝。這時清政府中各派政治力量的對比已經發生了很大變化，袁世凱被開缺回籍，且訛傳紛起，其命亦朝不保夕。此時的清王朝也處於滅亡前夕的風雨飄搖之中。無論是唐紹儀聯美的主張還是其考察財政的報告，都未能付諸實現而產生積極的結果。宣統帝登基，以載灃爲首的皇族集團乘機加強皇權，排斥異己，削弱袁世凱集團的力量，先罷了袁世凱的官，一年後又令已爲郵傳部尚書的唐紹儀病休，同時還先後罷免了袁世凱的其他一些親信。錫良成爲新的東三省總督。但是這對於羽翼已豐的袁世凱集團不能起到任何實質性的限製作用，且從客觀上美化了袁世凱集團，從而增強了它的能量。而清政府卻就此失去了唯一可靠的政治力量，畢竟袁世凱在清政府中多年位居封疆大吏、部院大臣，辦新政、辦外交頗能左右逢源。

唐紹儀出使美國雖然功敗垂成，但如查爾斯‧威維爾所言，「儘管羅斯福政府對司戴德所鼓吹的在滿洲反對日本的政策表示冷淡，但國務院通過鼓勵貸款談判，建立了一個對美國經濟界進入滿洲和向日本挑戰的有利環境。司戴德已經達到他促使美國資本充分進入滿洲這一角逐場的主要目的。唐紹儀的被召回只是一次暫時的失敗，司戴德要著手給美國向遠東的推進增添更進一步的推動力。」〔註59〕

〔註57〕約翰‧佩頓‧戴維斯：《美國與東亞》，載《世界歷史譯叢》，1979 年第 5 期。

〔註58〕〔蘇〕B.阿瓦林：《帝國主義在滿洲》，第 131 頁。

〔註59〕〔美〕查爾斯‧威維爾著，張瑋瑛、李丹陽 譯：《美國與中國：`財政和外交研究（1906～1913）》，第 63～64 頁。

第五章　錦璦計劃與諾克斯計劃

　　錦璦計劃是晚清中央政府及錫良主政的東北地方政府爲聯美制日籌劃修建的一條自葫蘆島港北行到錦州、洮南府、齊齊哈爾直到黑龍江璦琿的鐵路。這條擬定建築的鐵路不僅能鼓勵開拓中國與俄國接壤的北部邊境地區，而且也能促進蒙古的農業發展和礦產開採，重要的是使貿易從俄國和日本在滿洲的交通壟斷中擺脫出來。

　　與錦璦計劃並行的諾克斯計劃則是威廉·塔夫脫執政美國總統之初的1909年，美國政府先後向英、日、俄、法、德、中等國提出的關於中國東北鐵路中立化的計劃。這是自日俄戰爭以來，美國政府首次提出的同日俄在東北爭奪的重大計劃，是美國在中國進一步實行門戶開放政策的重大步驟，也是美國在中國推行金元外交的主要措施之一。

　　圍繞這兩個計劃，各帝國主義國家，尤其是美日兩國，在中國東北展開了一場激烈的外交鬥爭，最終英日俄的聯手破壞致使這兩個計劃遭遇失敗的打擊。

一、錦璦計劃

　　清政府在聯美制日上的一再受挫，使其根本無法阻止日本在中國東北的擴張。到了1909年的夏天，日本已迫使清政府又簽訂了幾個條約協定，攫奪了一系列新的路權和礦權，當然，日本也不忘「安撫」一下清政府，表示可考慮「允許」清政府修建自自新民屯到法庫門的鐵路，但令日本政府不曾料到的是，清政府正在籌劃修建一條通往蒙古的鐵路，即自葫蘆島港北行到錦州、洮南府、齊齊哈爾直到黑龍江邊璦琿的鐵路。這條擬定建築的鐵路計劃

是清政府中央及東三省地方當局繼續運作聯美制日外交政策的結果。

　　1909 年 2 月，東三省總督徐世昌調任郵傳部尚書，原任雲貴總督的錫良接任東三省總督一職。東三省的危迫情勢終於使曾反對依靠外資、反對聯美制日的錫良走上徐世昌、唐紹儀的舊路。錫良是蒙古鑲藍旗人，屬於清廷最信賴的滿蒙政治集團。他比較開明，對內主張政治改革，實現立憲政治；對外，他主張有所作爲，以遏制日俄的進逼。錫良到達東北之際較之徐世昌、唐紹儀在任時，形勢更加危迫，錫良也因之益感焦急，力主採取強硬辦法。

　　錫良多次向清廷進言。宣統元年三月二十日，錫良奏稱：「奴才奉命補授東三省總督，……乃知東省介於兩強，一切設施均非內地行省可比，……至於外交之危迫，全在我無實力以爲抵禦，故相逼而來，幾無餘地，然我急欲籌抵禦之方則必先擴充實力，而所謂實力者，如開銀行、修鐵路、開放商埠與興辦實業，廣開屯墾，籌邊馭蒙，諸大政均屬急不可緩之事，然非有大宗巨款，斷難集事，此非東省之力量所能辦，而必須國家之全力以圖，亦非奴才之權力所能爲，而尤仗樞部之協謀以應付，其終此因循，一籌莫展，內以空言相責，外則措手無從，他日者兩強竟爭，日肆侵略，舉財權、路權、利權，甚至領土權均盡攫於外人之手，則雖嚴治奴才以罪，亦何補於大局之阽危。」〔註1〕錫良還說，東北乃中國「根本之重地」，「向之所謂根本者，猶謂祖宗之發祥地，今之所謂根本者，則有社稷密切之憂。中國西北、西南，地方弔遠，尚未禍在腹心，三省則實切近腹心之區，稍有挫失，不堪設想，亦不忍言。所謂臥榻之側不容他人鼾睡者也」。「此而不保，全局動搖，中國豈（企）尚能自立乎」？〔註2〕

　　錫良曾試圖在安奉鐵路問題上取得進展。他致外部，「查日人改良安奉路線厥有兩端於彼皆有大利而於我皆有大不利」。其一，「思與新義線相接聯也」。其結果必然會導致「國界混淆，國防坐失，其後患實不堪縷指」。其二，「思與南滿鐵路相接聯也」。「以上二線苟與該路得互相接聯，呵成一氣，彼自仁川而奉天，自奉天而北至長春，南至大連、旅順，節節靈活，脈絡貫通，乃得徐以侵蝕我人民有限之利益，益啓發我內地無盡之寶藏，且萬一變起倉

〔註 1〕　《清宣統朝外交史料》卷三，《東督錫良奏遵旨籌商東省事宜請敕合力通籌折》，3407 頁，王彥威纂輯、王亮編：《清季外交史料》（四），書目文獻出版社 1987 年 9 月第一版。

〔註 2〕　錫良：《密陳東三省關係大局情形折》，中國科學院歷史研究所第三所編：《錫良遺稿》，第 929 頁，中華書局 1959 年版。

促，彼屯駐於朝鮮之兵隊，可以朝發軍書，夕至疆場，故曰彼之大利皆我之大不利也」。錫良提出「抱定約內改良二字之義以與之爭，不得另勘路線與改易廣軌也。……查北京條約第六款只有改良字樣，與改造有別。改良者就原有之物而改之使良也」，「該路應聲明係單獨之路，與南滿洲鐵路絕無關涉也」，「沿路兵隊應令其一律撤退也」，「沿路警察應令其一律撤退也」，「除鐵路必須需用地畝外不得多購餘地也」等八條辦法，得到外部「極爲周密」的表揚，並以之作爲與日本駐華公使伊集院談判的依據。〔註3〕但此時以攝政王爲首的清廷已爲日本政府的氣焰所嚇倒，反而對於錫良的一意堅持深感不滿。錫良不肯通融的態度，不僅使日本人極爲惱怒，甚至在當地的歐美人也開始抱怨奉天城內的排外氣氛。〔註4〕安奉問題上的努力和失敗使錫良明白了何以徐世昌、唐紹儀在東北時要以聯絡歐美爲其外交之根本。

　　儘管攝政王載灃在日本的強橫面前退讓軟弱，錫良還是堅持自己的以「均勢」制日的主張，他在宣統元年八月十九日的《籌借外債議築鐵路折》中再次申明：「在東北廣闢商埠，俾外人麕至，隱杜壟斷之謀；厚集洋債，俾外款內輸，陰作牽制之計。」〔註5〕並進一步分析了東北局勢的危殆和緩解危機的唯一手段：「竊維東省大勢，自日俄競爭以來，久成南北分據之局，日人以旅順、大連爲海軍根據地，其鐵路橫貫東省南部，俄人以海參崴爲海軍根據地，其鐵路橫貫東省北部，兩國陸軍均不數日可達，東省命脈蓋已懸於兩國之手，無可諱言。況日之陰鷙險狠，俄之高掌遠跖，其蓄意均不在小，只因戰後元氣未復，不敢急圖進取。故我猶得旦夕偷安，設再遷延萬無幸理。爲急則治標之計，非於兩國路線之外另築一路不足以救危亡。然集款千數百萬，不特無此巨帑，且我若自修不見阻於日，即見阻於俄，無論何路，終無讓修之日，束手待斃可爲痛心。錫良等焦慮熟籌，非借外人之款不足經營東省，尤非藉外人之力，無由牽制日俄，諭旨厚集洋債，互均勢力兩言，實足救東省今日之危迫、日俄相持之局。」〔註6〕

〔註3〕《清宣統朝外交史料》卷四，《東督錫良致外部安奉路日擬改用寬軌於我不利，謹擬辦法八條，祈求與日使磋商文》，王彥威纂輯、王亮編：《清季外交史料》（四），3430～3433頁。
〔註4〕駱惠敏編、劉桂梁等譯：《清末民初政情內幕》上卷，508頁，512頁。
〔註5〕錫良：《籌借外債議築鐵路折》，《錫良遺稿》，第883頁。
〔註6〕《清宣統朝外交史料》卷九，《錫良、程德全致樞垣遵旨籌借洋款議築錦璦鐵路電》，3579～3580頁。

實際上，錫良一邊向朝廷請示，一邊已開始與美方接觸，到宣統元年八月，他已經與司戴德就文上所提的錦璦計劃議立了草合同。以攝政王載灃爲首的清政府，儘管在日本的強橫面前步步退讓，但也不甘心東北成爲日本人的天下。在錫良的呼籲下也發布上諭，著錫良等體察情形，按其所奏辦理。

東三省總督的急不可耐，給了美方以深刻的印象。趕赴奉天與錫良商討錦璦鐵路問題的司戴德說，「由於中國方面不僅是願意、而且非常渴望（與美國人達成一項東北鐵路協議），談判很快就有了結果」。〔註7〕司戴德與錫良擬定了合同文本後，錫良唯恐夜長夢多，中央方面又起變化，便儘早上折奏稱已與司戴德「簽立草合同」，請求批准。電文發出之後，他一日數次地催促司戴德，終於使司戴德在當天簽字。〔註8〕錫良的考慮是，有合同在，便是一既成事實，中央方面即使反對，也感到困難。

錫良與唐紹儀的策略相似，但其中也有很大的差別，因爲唐紹儀的策略是針對外人，以促其速下加入的決心，錫良的策略則是針對清政府中央方面，一攻一守，可謂是江河日下了。而且此時錫良可望依靠的重臣張之洞、鹿傳霖都已垂老臥病，錫良自己又因安奉路交涉中的對日強硬態度而開罪於攝政王、慶親王；清政府軍機處、外務部實際上由以親日著稱的那桐控制，對日一味妥協，錫良因之不得不先防於內。所以說，錫良所處的形勢，較之唐紹儀在任時，又不利得多了。

錫良任四川總督時曾抵制清政府借洋款修築川漢鐵路的政策，力主自辦，並招商股，籌官股，抽租股，辦起鐵路公司。來到關外，他馬上變爲籌借洋債的力倡者，其中原因，正與唐紹儀所考慮的一樣，認爲東省事情與內省不同，不僅是鐵路問題，「實有外交上莫大關係」。鑒於新法計劃和滿洲銀行計劃的失敗，度支部和郵傳部當時對在東省修路均持懷疑態度。錫良便說動外務部就商度支部、郵傳部二部，指出：「東三省情形與內地不同，內地借款造路只爲商務利益起見，東省則重在利用各國之勢力互相牽制，以期保我主權……如美政府……仗義執言。益資我助，於大局裨益實非淺鮮。」〔註9〕

錫良認爲，美國可以指靠，不僅在於美國「仗義執言」，更在於「近今世

〔註7〕 Herbert Croly, Willard Straight, P. 303.
〔註8〕 Herbert Croly, Willard Straight, P. 304.
〔註9〕 《清宣統朝外交史料》卷三，《東督錫良奏遵旨籌商東省事宜請敕合力通籌折》，3407頁。

界，財權唯美國爲最裕，其富商苦於工黨限制，群思投資遠東」。〔註10〕因此，向美國資本家借款，「乃兼借其勢力，彼以勢力換我利權，我即借其勢力以固疆圉」。〔註11〕

　　錦璦鐵路計劃一經提出，獲得了不少官員的贊同，駐美公使張蔭棠希望獲得清政府首肯，他電稱：「美政府來電稱贖回滿洲各鐵路一事於中國關係甚大，此議之成，全視中國早日將錦璦草合同批准、宣布。」「本部以東省情形日急，非統籌全局不足以資補救，籌築錦璦一路爲目下至爲切要之圖，果能妥改合同，似不能不准其續與定議，美國倡議聯合各國共辦東省鐵路，此事果底於成，不特中國行政權不致再有障礙，且各國利益既平，則日俄固無從爭雄，英美亦不致壟斷。以現在東省情形而論，計亦無有逾於此者，惟茲事體大，中國固不便提議於各國，即美與各國磋商亦非旦夕所可成，或因他國不能同意，致此事竟成畫餅亦難逆料。而我國對於東三省之辦法當立於主動地位，不當立於被動地位，一切措施應先自定方針，以圖進取。」〔註12〕徐曦評論道：「若錦璦通軌，葫蘆闢埠，則東清南滿之利益，必爲此路所吸收，且鐵路既通，移植尤易，生聚日蕃，地利自闢……且錦璦一路於外交國防關係尤巨，不僅趨重於營業一端也，假款美英，以分日俄之勢，則東省外患紓，建輸送機關，以備不虞，則滿蒙氣脈貫，所以聯絡海陸，規運取勢，樹北滿之骨幹、制東清之強權，胥於是乎矣。」〔註13〕因爲錦璦鐵路的重要戰略意義，錫良爲之多方遊說。1909 年 6 月 8 日他上片表示，錦璦鐵路「若能早成，尙可居中鼎立，大局可望保全」。〔註14〕8 月 30 日，錫良提議「先修錦洮一段，俄國當無異議，葫蘆島開闢商港，主權在我，亦與他國無干，一俟籌款有著，同時並舉，得寸進尺，固未始非圖存之策也」，〔註15〕並主張修築一港口：「葫蘆島扼海陸形勝，港岸足與大連海口並峙，其工程宜與錦璦路並營，實爲東省全局命脈，」同時請求借款。〔註16〕錫良、程德全還聯銜密陳：「東省生路

〔註10〕錫良：《密陳籌借外債以裕財政而弱敵勢折》，《錫良遺稿》，第 1205 頁。
〔註11〕錫良：《密陳借款修築錦璦鐵路片》，《錫良遺稿》，第 1009 頁。
〔註12〕王彥威纂輯、王亮編：《清季外交史料》（四），《清宣統朝外交史料》卷十二，3649 頁。
〔註13〕徐曦：《東三省紀略》，464 頁，商務印書館 1915 年版。
〔註14〕《錫良遺稿》，893 頁。
〔註15〕《清宣統朝外交史料》卷十六，《東督錫良奏東省大局益危密陳管見折》，3751 頁。
〔註16〕《清宣統朝外交史料》卷十六，《東督錫良奏奉省葫蘆島商埠工程重要請籌款

只此錦瑗一條，東省生機只有均權一法。美國以滿洲商務欲均利益，該國商人允以巨款貸我，又聯英入股以杜牽制，遂合為英美公司共貸此款。」〔註17〕

終於，宣統元年十一月十一日清政府發布上諭，准錫良、程德全所奏籌借外款。

其實，錦瑗鐵路計劃正是美國政府於 1909 年提出的中國東北鐵路中立化計劃的一部分。因此，美國駐華公使致外務部稱，「貴國政府西十月間，所訂錦瑗鐵路借款建築行駛等事之草約，業經畫押，今美國政府重視此事，以為於將來統併之大局有最切之關係，蓋中國贖回各路歸併一局之議，雖有或辦不到之虞，但錦瑗之局既成，則按此約可令該公司出頭，以集各國之資而築各處之路，固不僅錦瑗一路而已。即於商務上必需之路，與及滿洲一帶將來或出售之路，均可給資贖還，合力籌辦也。如此辦法，自係全行收回路權之機關，即將來歸併之大局，亦視乎錦瑗一路而為之基礎也。貴國政府於錦瑗路事亦以為然否，並能飭令照行否，如承允諾，美國政府有樂於聞命也」。〔註18〕

美國公使的表態，使清政府異常高興，批准了錦瑗鐵路預備合同。

二、金元外交與諾克斯計劃

（一）

1909 年的 5 月 4 日，在洛克菲勒財團的大力支持下，主張對日本採取強硬政策的威廉‧霍華德‧塔夫脫取代羅斯福入主白宮，就任美利堅合眾國第十八屆總統。為了適應美國經濟迅速發展的需要和滿足壟斷資本集團擴大對遠東侵略擴張的欲望，塔夫脫改變了羅斯福與日本妥協的遠東政策，企圖憑藉美國雄厚的經濟實力與日本在遠東進行較量，「時代的潮流要求鼓勵貿易、刺激投資、推銷術和有效的組織工作。當這位新總統在國會闡明他對美國外交關係的概念時，他很快就表明自己是符合這些要求的。……他說，在政治利益與經濟利益之間有一種基本的關係，這是政府必須承認的。美國的金融和工業的代表尋找投資的機會和市場。他們走到哪裏，政府便應跟到哪裏，

開辦折》，3759 頁。
〔註17〕《清宣統朝外交史料》卷十二，《外度郵三部會奏議覆借英美款興築錦瑗鐵路折》，3656 頁。
〔註18〕《清宣統朝外交史料》卷十一，《美署使費致處部東省收回路權以錦瑗路為基礎照會電》，3634 頁。

提供對他們的保護，並爲美國國民尋求更多的商業機會」。〔註19〕塔夫脫在就職演說中指出，美國有保護遠東利益的必要，「在遠東國際爭議中，由於門戶開放以及其他牽涉而發生的各問題，美國原有能力達到他的要求，保持他的尊嚴，維護他的利益，只憑口頭抗議和外交公文不能達到目的，美國必需用其他手段爲後盾」。〔註20〕隨後，他在給國會的國情咨文中進一步明確提出了「以金元代替槍彈」的外交政策，尤其強調對遠東積極推行金元外交，鼓勵金融資本向海外投資以實現海外擴張。

拉丁美洲是金元外交所指向的主要地區，中國也是推行的重要場所。「外交爲在華攫取經濟權益服務；投資、貸款又成爲在華獲得立足點、進而取得政治上支配權的支柱。這就是所謂的金元外交」。〔註21〕塔夫脫政府的國務院不僅積極推動美國資本家向中國投資，而且還設計了一個令日俄震驚的有關中國東北鐵路中立化的計劃。

司戴德在致美國政府的報告中曾說，長城以北的利益對美國來說是極爲重要的，如果美國接受了中國的請求，向滿洲的銀行事業、鐵路建築和採礦工業廣泛投資，那麼日本的氣焰就會遭到打擊，而對美國資本來說，滿洲就能被保住。他還把中國東北描寫爲「起飛場」，從這裏「美國能向帝國其他地方擴展勢力」。〔註22〕因此有評價說，司戴德「爲美國向日本在滿洲的財政霸權挑戰開闢了道路……塔夫脫和諾克斯沿著他制定的外交方針前進」。〔註23〕的確，塔夫脫曾如此對諾克斯表述：「供給中國的大鐵路和其他企業以資金的國家，在中國事務中必具有優先地位。美國資本家參與這樣的投資，將給予美國在該國的政治爭端中以更具有權威性的發言權。」〔註24〕

而當時中國國內的狀況及其所處的國際環境也爲美國在華推行「金元外

〔註19〕〔美〕查爾斯·威維爾著，張瑋瑛、李丹陽譯：《美國與中國：`財政和外交研究（1906～1913）》，第 68 頁。

〔註20〕孫毓棠：《日俄戰爭後美國侵略中國東北的陰謀》，《進步日報》1950 年 11 月 24 日。

〔註21〕〔美〕查爾斯·威維爾著，張瑋瑛、李丹陽 譯：《美國與中國：財政和外交研究（1906～1913）》，第 1 頁。

〔註22〕〔蘇〕納羅奇尼茨基、古貝爾、斯拉德科夫斯基、布爾林加斯：《遠東國際關係史》第 1 冊，第 324～325 頁，商務印書館，1976 年北京版。

〔註23〕A.Whitney.Crisword,The Far Eastern Policy of the United States ,New York, Harcourt, Brace and Company , 1938, P.143.

〔註24〕塔夫脫致諾克斯，轉引自〔美〕查爾斯·威維爾著：《美國與中國：財政和外交研究（1906～1913）》，第 1～2 頁。

交」、實行以資本輸出爲主的門戶開放政策提供了合適的土壤。內外交困、奄奄一息的清政府企圖通過進行一些改革來維持統治，但是其財政已瀕於破產的邊緣，無力禦外亦無力安內，因而急切地向外部尋求財政和外交的支持，所以積極配合美國。其實宣統朝並未眞正改變聯美的運作，甚至清廷在退位前夕，還諭令東三省總督：「允許美國人在滿洲從運用其資本中獲取厚利，這會使美國政府對我們有好感，也會支持我們」。〔註25〕以總督錫良爲首的東三省官員更是積極主動，主張開關商埠，厚集洋債，這對於急於向遠東擴張的美國來說，無疑是與日本展開爭奪以奪取中國東北的極好機會。

　　早已熟知塔夫脫積極的東亞政策的美國資本家們彈冠相慶，認爲新的發財機會到了。1909 年 6 月，在塔夫脫政府的大力支持下，美國組織了一個大規模的銀行團，該銀行團的建立旨在爲能在中國取得修築鐵路特權的美國資本家提供資助，以加強與日本競爭的經濟實力。這個銀行團包括坤洛公司、摩根銀行（J.P.Morgan）、第一國立銀行（the First National Bank）、花旗銀行（the National City Bank）等美國最大的銀行，並派司戴德任該銀行團的駐北京代表，親自前往中國交涉。司戴德這樣表述他的中國之行：「表面上是爭取使美國財團參加湖廣鐵路貸款」，但「實際上是進行哈里曼的計劃，在滿洲獲得修建鐵路的權益，把他所設想的環球運輸系統連接起來。我認爲沒有人通曉他的計劃。」〔註26〕1909 年 8 月 19 日，回到北京的司戴德這一次的正式的身份是美國銀行團駐中國代表，在他的內心，把美國資金引入東北仍然是他認爲的一項重要任務。他的這一想法在得到了意欲在東北進行鐵路擴張的哈里曼的積極支持。哈里曼曾說：「我擔心歐洲財團在中國採取某些措施，這些措施在建築方法和在與中國人打交道方面都不值得贊許。我希望在某些方面能有純粹的美國影響，這樣我們就能讓中國人看看怎樣做才是正確的，從而確立眞正而持久的美國影響。」〔註27〕

　　清政府提出錦璦鐵路計劃之後，在華盛頓的遠東司官員 R‧S‧米勒和在北京的美國代辦費萊齊都相信，這條擬議中的鐵路將抵消俄國和日本在滿洲的勢力，特別是因爲中國東北需要外國資金來修建鐵路。「如果美國辛迪加也想承擔這一條鐵路的建築，將會引起很大的興趣」，米勒寫道，「這條路線經

〔註25〕〔蘇〕B.阿瓦林：《帝國主義在滿洲》，第 151 頁。
〔註26〕Straight,about Harriman , Straight papers ,Olin Library,Cornell University.
〔註27〕Harriman to Dubison,21,July,1909,Straight papers, Olin Library, Cornell University.

法庫門鐵路更靠西，因此事情能夠辦成，而不致引起日本人的強烈反對，特別是如果受美國勢力的支持」。〔註 28〕保齡公司有權修建錦州至齊齊哈爾鐵路，這種權利是在 1908 年從唐紹儀那裏取得的，而哈里曼則有修建齊齊哈爾至璦琿鐵路的許可權，而這種權利是司戴德在 1907 年夏末從唐紹儀那裏得到的。司戴德和保齡公司的扶林誌（法倫許）共同協力，把這兩部分合併爲一個行動計劃，置於英美辛迪加的控制之下。這是多麼誘人的前景。

不想，天有不測風雲， 1909 年 9 月 10 日鐵路大王哈里曼逝世。這樣，繼續執行這一任務的重擔便落到司戴德的肩上。哈里曼之死，使他失去了在紐約的一個強有力的支持者。此時，東三省官員渴望簽訂一個協定，焦急地等待著司戴德。1909 年 9 月 15 日，司戴德打電報回紐約，請求獲得簽署錦璦鐵路協定的授權。1909 年 9 月 25 日，司戴德向亨廷頓·威爾遜概括了問題的未確定解決的部分：「滿洲計劃當然是非常重要的，如果堅持到底，將會有深遠的成果。我個人的看法是錦璦鐵路一旦開工，我們應立即與俄國人談判中東鐵路問題，使俄國人撤消其鐵路居留權的要求，並撤走鐵路衛隊。實現了這一要求，我們便能夠迫使日本撤走其衛隊並撤消其行政管理，特別是因爲他們要修訂條約和轉換戰爭貸款。這樣，便可以既在名義上又在事實上把滿洲交還給中國，使中國實質上中立化。隨著東三省銀行的順利營業，我們到那時便可以與中國，以及我們的合夥者——英國或者德國或者法國——視情況而定，一道進行這個地區的工業和商業上的開發。」〔註 29〕

雖然尚未經紐約方面的授權，1909 年 10 月 2 日，司戴德與東三省督撫錫良和程德全簽署了錦州——璦琿鐵路借款草合同。司戴德想把東三省銀行的方案也塞進鐵路計劃中，就提出把有關銀行的條款寫入鐵路計劃的最終協議中。但是中國方面必須首先頒布經上諭批准的敕令，才能使 10 月 2 日的草合同生效，並確立美國在滿洲的既得利益。只有到那時才可能獲得美國更有力的外交支持。

司戴德通過說明政治問題與經濟情勢的關係，希望美國銀行團信服他的觀點，他說：「我已經在信中說過，我相信滿洲、蒙古和西伯利亞將爲銀團活動提供最好的地區。目前中國本土士紳橫行，他們的排外思想還未因應有的

〔註 28〕Fletcher to Knox,29,July,1909,NA,RG59：5315/198-199, 420.

〔註 29〕Straight to Huntington Wilson,25,September,1909,Straight papers, Olin Library, Cornell University.

理智而緩減，也未眞正認識到，沒有外國資本，是無法使本國得到發展的。
當他們承認這一事實時，這個時間就會到來。但在目前，我認爲我們應當做
出努力，在開發俄國遠東地區和中國附屬地區上獲得堅固的立足點，運用政
治局勢所賦予我們的優勢」。〔註 30〕司戴德又通過紐約方面答應承擔錦璦鐵
路，成功地把美國銀團的興趣轉移到了滿洲。美國銀行團表示接受這一合同，
但附有條件：司戴德必須做出保證，必要時銀行團可以退出。東三省總督和
巡撫對此作出了保證，確立了美國銀行團的特殊權利。就這樣司戴德把國務
院的文件變成了哈里曼早期計劃的監督者。司戴德的方案，此時在華盛頓站
穩了腳跟，這是司戴德使美國在滿洲、蒙古和西伯利亞開展活動的龐大計劃
的第一個步驟。

　　1909 年夏末，美國遠東司的 E・卡爾頓・貝克指出，「東京一心要控制滿
洲的貿易、鐵路及礦產資源。作爲他們信念的反響，日本政界已制定了一個
帝國主義的計劃，認爲日本本土人口眾多，資源貧瘠，需要滿洲這一生存空
間。此外也需要在遠東有一個對抗俄國的戰略緩衝地帶。很清楚，美國必須
作出一定反應，而行動方針則受美國銀團轉向滿洲這一考慮的指導」。〔註 31〕
這反映了美國部分官員對錦璦計劃的支持。

（二）

　　就在錦璦鐵路計劃已有眉目的基礎上，1909 年 11 月 6 日，美國國務卿諾
克斯以備忘錄的形式，訓令美國駐英大使向英國政府提出了諾克斯計劃；在 12
月 14 日又訓令美國駐日、俄、法、德、中等國的外交使節，把內容基本相同的
備忘錄分別送致各駐在國政府。實際上，諾克斯計劃提出了兩個方案。第一個
方案是「將滿洲所有的公路、鐵路，依照一個計劃，置於一個經濟的科學的公
正的管理機關之下」。爲了實現這個方案，列強應貸款給中國，並對滿洲鐵路建
立國際監督。如果這個方案未被採納，則使用第二個方案，「由英美兩國對錦璦
鐵路，在外交上予以支持，並邀請贊同滿洲完全在商業上中立化的有關國家，
共同參加投資建築該路及將來商業發展所需要的其他鐵路，同時貸款給中國，
以贖回願歸入這一系統的現有鐵路」。美國政府認爲如能採納第二個方案，「即

〔註 30〕Straight to Davison,14,October,1909,Straight papers ,Olin Library, Cornell University.
〔註 31〕〔美〕查爾斯・威維爾著，張瑋瑛、李丹陽 譯：《美國與中國：`財政和外交研究（1906～1913）》，第 108 頁。

使所希望的目的不能達到，至少也相去不遠了」。〔註32〕這兩個方案的目的是相同的，只是採取的方式有所不同。第一個方案是一舉囊括東北的全部鐵路，第二個方案是由錦瑷鐵路入手以逐步推廣到東北的全部鐵路。

　　諾克斯計劃不僅是美國對中國輸出「過剩」資本，榨取巨額利潤的極好途徑，而且是它在中國爭奪商品貿易市場，擴大政治、經濟、軍事侵略的重要手段。諾克斯計劃與田貝計劃、康格計劃和哈里曼計劃一脈相承，是美國長期以來力圖攫取中國鐵路利權的繼續和發展。諾克斯計劃打著「確保中國在滿洲享受政治權力不受侵擾」的幌子，主張中國對於利用帝國主義貸款贖回的鐵路享有所有權，但卻剝奪了中國對這些鐵路的管理權，其真正的目的在於使美國得以憑藉雄厚的經濟實力，通過國際共管的形式，使東北鐵路名義上的「中立化」變為事實上的美國化。即「企圖從東北鐵路入手，把門戶開放擴大到資本輸出，以金元外交打敗主要對手日本，奪取中國東北和擴大對中國的政治和經濟侵略」。〔註33〕

　　1909 年 12 月 21 日，美國駐北京代辦費萊齊致函清政府，強調美國政府「甚願襄助此事成就」，「甚望中國政府之樂成此事也」。12 月 31 日，他又照會清政府，重申「今美國政府重視此事，以為於將來統併之大局有最切之關係」，〔註34〕要求迅速批准錦瑷鐵路預備合同。在美國的積極要求下，清政府批准了該預備合同，這使美國取得了外交上的主動地位。

　　為了破壞英日同盟，美國主動聯合英國。同時，諾克斯通知其他國家說，英國在原則上已贊同美國的建議，以此對它們施加壓力。此外，美國還拉攏俄國，力圖分化日俄以孤立日本。為了在日俄兩國之間製造矛盾，美國對它們提出的建議有所不同，並分別與它們舉行雙邊秘密會談。對於日本接受第一個方案，美國並不抱過多幻想。因此美國打算以建議日本參加建造錦瑷鐵路為誘餌，使日本贊同第二個方案，因為日本也竭力圖謀向俄國在北滿的勢力範圍擴張。而對俄國，美國則只提出第一個方案，極力迴避俄國最為敏感的第二個方案。美國駐俄大使柔克義與俄國外交大臣伊茲沃爾斯基舉行會談，以來自日本的威脅恫嚇俄國，要求美俄兩國共同努力對抗日本。柔克義還威脅說，倘使俄國不同意中國東北鐵路中立化建議，美國可能考慮建築一

〔註32〕諾克斯國務卿關於滿洲鐵路中立化的備忘錄，載世界知識出版社編《中美關係資料彙編》，第 1 輯，461～462 頁。1957 年北京版。
〔註33〕汪熙：《中美關係史論叢》，311 頁，復旦大學出版社 1985 年 10 月版。
〔註34〕王芸生：《六十年來中國與日本》第 5 卷，259～260 頁。

條鐵路與中東鐵路競爭，企圖迫使俄國同意諾克斯計劃（見駐聖彼得堡大使波達爾斯伯爵呈帝國首相柏特曼何爾昧公文，1910 年 1 月 4 日）。〔註 35〕

諾克斯認爲，「日本也許是誠實的話，說它要在滿洲門戶開放，那末日本必定會高興擺脫滿洲鐵路的管理權，而得到金錢，並用這個金錢來改善其惡劣的財政地位。但是如果日本不老實，這個計劃恰恰能使日本暴露其眞面貌」。〔註 36〕如果日本不同意這個計劃，那麼我們「在這種情況下就把日本從滿洲逼走」。〔註 37〕

三、日俄聯手

諾克斯計劃具有明確的針對性，即企圖通過中立化的形式，把東北鐵路從日俄手中奪出，以國際共管的形式，注入美國資金，進而削弱日、俄及其聯盟。日本由於首當其衝，所以反應特別激烈。日本力圖利用它的外交優勢聯合英俄兩國反對諾克斯計劃，它首先向英國政府提出，日本政府希望「英國最好能採取同我國合作的措施」。〔註 38〕此時歐洲局勢日趨緊張，俄德兩國因巴格達鐵路協定而關係一度密切，考慮到如果英國放棄了日本，日、俄、德三國就有可能結成三角同盟，因此，英國寧可在遠東吃虧，也不願意在歐洲孤立。所以，1909 年 11 月 25 日，英國首先答覆美國，表示第一個方案在湖廣鐵路借款問題解決以前，「展期考慮，較爲賢明」；對於第二個方案，則提出應「勸令中國政府允許日本加入錦瑗路」。〔註 39〕隨後在 12 月 29 日，英國政府再次回覆美國政府，表示在未明瞭其他有關國家，特別是日本和俄國的態度以前，不能採取任何步驟。〔註 40〕這便使美國力圖聯合英國對日俄施加壓力的美夢破產了。

英國觀察遠東局勢的角度與美國不同。面對歐洲的德國，倫敦盡力促成英日聯盟，以免在亞洲分散自己的力量。只要與日本的聯繫還存在，英國外交家就不肯違反日本的意願。這種情況與司戴德的分析決然不同，司戴德認

〔註 35〕王芸生：《六十年來中國和日本》第 8 卷，115 頁。

〔註 36〕駐華盛頓大使本斯托夫伯爵致外交部電，載《德國外交文件有關中國交涉史料選譯》第 3 卷，113～114 頁，商務印書館 1960 年版。

〔註 37〕〔蘇〕B.阿瓦林：《帝國主義在滿洲》，第 128 頁。

〔註 38〕宓汝成：《帝國主義與中國鐵路（1847～1949）》，157 頁，上海人民出版社 1980 年版。

〔註 39〕王芸生：《六十年來中國和日本》第 5 卷，257～268 頁。

〔註 40〕王芸生：《六十年來中國和日本》第 5 卷，258 頁。

為，「日本的反對是對門戶開放的違反，這將妨礙一個英美合辦的企業。如果華盛頓在這個問題上採取強硬立場，就可以鼓勵英國獅向它的日本盟友發出高聲怒吼」。〔註41〕當湖廣鐵路談判拖延不前時，英國外交部雖然曾在原則上同意中立化，卻建議把這一計劃拖延到中國本部的經濟合作成為現實再行考慮。至於錦璦鐵路，倫敦則建議美國幫助誘勸中國讓日本參加，法國也支持英國的這一立場。〔註42〕

　　而諾克斯過早地公佈東北鐵路中立化建議，在北京造成了一種脆弱的外交形勢，迫使司戴德和費萊齊等美國人與中國官員小心謹慎地表演著一場獨幕劇。俄、日對中立化的拒絕使中國不敢行動，而倫敦未通知華盛頓，便又一次建議中國在下一步行動之前先與日本及俄國磋商。

　　日本還積極聯合俄國來共同對抗美國。美國向中國東北擴張，不僅加劇了美日矛盾，而且加劇了美俄矛盾。其時俄國早已感到了美國擴張的威脅，很希望與日本達成諒解，以維持遠東現狀，共同對付美國。1907 年 7 月的日俄協定，早已把南滿劃為日本的勢力範圍，把北滿劃為俄國的勢力範圍，標誌著日俄兩國的妥協與聯合。日本向俄國表示，「兩國利害完全一致，故兩國政府在答覆美國之前，首先相互披瀝胸襟，交換意見，協議保護兩國共同利害之辦法」。〔註43〕1910 年 2 月 24 日，俄國以錦璦鐵路在軍事上及經濟上均損害俄國的利益，並且違反了 1899 年清政府與俄國的約定（即不讓他國資本建築北京以北之鐵路）為理由，正式反對修建錦璦鐵路，這又使美國拉攏俄國以分化日俄兩國的策略遭到了失敗。

　　日本經過一番外交努力後，1910 年 1 月 21 日正式答覆美國。對第一個方案，日本採取的是斷然拒絕的態度。對第二個方案，日本則表示「在原則上準備與其他關係列強同時參加」，但認為該問題與東北鐵路中立化「有所區別」，應「保留個別及獨立之考慮」。〔註44〕

　　日本的考慮是這樣的：如果列強堅決支持清政府，可能達不到阻止修建的目的；即使阻止該路修建，但如果清政府把線路西移，改為由北京至海拉

〔註41〕〔美〕查爾斯·威維爾著，張瑋瑛、李丹陽 譯：《美國與中國：財政和外交研究（1906～1913）》，第 109 頁。
〔註42〕〔美〕李約翰著，孫瑞芹 陳澤憲 譯：《清帝的遜位與列強，1908～1912》，79 頁。
〔註43〕宓汝成：《帝國主義與中國鐵路（1847～1949）》，161 頁。
〔註44〕王芸生：《六十年來中國和日本》第 5 卷，第 268～269 頁。

爾或恰克圖，反而易於使俄國勢力由此南下，對日本造成更大威脅。所以，日本才特別表示，不反對修建錦璦鐵路，但要求日本也參與。日本認爲這種方案有利可圖，因爲：（1）在外交上可以符合日本政府一再發表的「機會均等」、「門戶開放」的聲明；（2）日本參與修建該路「因此所享受的利益，決非其他國家所可比擬」；（3）可以趁機「向遼河以西地區擴張」，爲日本將來的發展「奠定極爲有利的基礎」；（4）可以把反對修建錦璦鐵路的責任推到俄國身上。〔註45〕因此日本駐北京公使伊集院於 1910 年 2 月 14 日照會清政府，表示贊成修建錦璦鐵路，但以下列兩點作爲先決條件：（1）「日本國對於建造錦璦路應需款項之貸借，又工程師及鐵路材料之供給，以及包攬工程各事，均參同承辦；」（2）「由錦璦鐵路之一站起，向東南建造一路，至南滿鐵路之一站，其路線敷設辦法及該路與南滿路在何處接連等各節，應與帝國政府協商辦理。」〔註46〕按照日本的條件，錦璦鐵路成爲南滿鐵路的輔助線，失去了對抗日本勢力的性質，並使其勢力進入遼西及北滿。同時，日本又與俄國串通，分別對清政府進行恫嚇。

儘管清政府在 1910 年 1 月 20 日批准修築錦璦鐵路改訂新合同，實際上卻無法貫徹執行。因日、俄、法使接連向外務部發出「借美款建築錦璦鐵路事務請慎重」的照會。1910 年 1 月 31 日，伊集院致函中國外務部，要求中國政府在作出決定之前，「務須商允敝國政府。如或漠視敝國之地位，不與商酌，遽行定義，則兩國關係上惹起何等事故殊難預料」。〔註47〕俄使廓索維慈致外務部：「俄國政府希望中國政府錦璦鐵路之事，非先與俄國商議，萬勿從事，不然則兩國邦交諸多窒礙。（1910 年 2 月 2 日）」「事前如未與俄國商量勿冒險定局。（1910 年 2 月 4 日）」俄使廓索維慈致慶親王書：「錦璦鐵路之事，茲據政府訓示反對美國滿鐵中立之議。（1910 年 2 月 8 日）」法使馬士理致外務部照會：「法國政府因爲中國謀平和起見，請中國政府與錦璦鐵路之事，事前未與日俄商量勿遽定議，如此可免各國滿洲之競爭，並可增進其在亞洲之幸福。」「中國倘建造錦州至璦琿之鐵路，事前不可不關照日俄兩國政府。」〔註48〕這些脅迫使清政府不敢決斷，外務部回電錫良（請求派員接議錦璦路事的請求）有言：「錦璦

〔註45〕宓汝成：《帝國主義與中國鐵路（1847～1949）》，156～157 頁之注（4）。

〔註46〕王芸生：《六十年來中國和日本》第 5 卷，273～274 頁。

〔註47〕王芸生：《六十年來中國和日本》第 5 卷，273 頁。

〔註48〕《清宣統朝外交史料》卷十二，《日俄法使致外部借美款建築錦璦鐵路事務請慎重照會》，3662～3663 頁。

路事，日俄來照，於我藉固國防，默為抵制之意，業已揭破，詞意斬截，斷難容我空言辯駁，即肯轉圜，我亦斷難恃有他國扶助，即可操切從事，若不待商妥，遽派員與司戴德接議詳細合同，恐將來美為保護商人利益，出而爭執，則我更面面失據，無從應付，此事關係重大，仍希飭令鄭鄧兩司緩與提議，免害致後悔。」（宣統二年二月初四日）〔註49〕這樣一來，連美國打算得到清政府支持的希望亦漸落空。

在敗局已定的情況下，美國並不死心，仍然力圖實現第二個方案。1910年3月，諾克斯表示「絕對堅持錦璦鐵路計劃」，如果英國政府肯定地退出，他必須考慮他是否也放棄這件事或取得別人的幫助（指德國）繼續進行。〔註50〕4月，諾克斯又進一步強調，「俄國反對是沒有理由的」，「滿洲必須趕緊建築鐵路」，「如果英國不願參加，它可以留在外邊」，〔註51〕但這仍無濟於事。

1910年7月俄日簽署第二次《俄日協約》及《俄日秘密條約》，這是兩國共同抵制美國的必然產物。俄日公開協議三條：1、相互合作，以改進各自在滿洲的鐵路，完善上述鐵路的聯絡義務，避免有害於此的一切競爭；2、維持和尊重由日俄條約或兩國與中國所訂之一切條約、協議和其他協定所規定的滿洲現狀；3、如有威脅上述現狀之任何事件發生，應立即互相協商，以便採取必要措施。秘密條款五項：1、承認 1907 年密約附款劃定的南北滿洲勢力範圍分界線；2、互相尊重對方在其勢力範圍內有權採取的一切必要措施，以防衛此種利益；3、互相保證不以任何方法阻礙對方在其勢力範圍內鞏固和發展特殊利益；4、禁止在對方勢力範圍內從事任何政治活動，並經諒解，俄國不在日本勢力範圍內，同樣，日本不在俄國勢力範圍內——謀求足以損害彼此特殊利益之任何特惠或租讓權；雙方尊重公開協議第二條所述根據條約、協議、協定所獲得的各自範圍內的一切權利。5、如上述特殊利益遇到威脅，雙方應協商採取共同行動，互相援助，以資防衛。〔註52〕

這次俄日協約擴大了1907年協約的範圍，在瓜分中國東北問題上具有更深

〔註49〕《清宣統朝外交史料》卷十三，《外部覆錫良等錦璦路事關係重大，希飭司緩議電》，3683 頁。

〔註50〕駐華盛頓大使本斯托夫伯爵致外部電，載《德國外交文件有關中國交涉史料選譯》第 3 卷，139 頁。

〔註51〕駐華盛頓大使本斯托夫伯爵致外部電，載《德國外交文件有關中國交涉史料選譯》第 3 卷,145 頁。

〔註52〕外務省編：《日本外交文書》第 43 卷第 1 冊,20～121 頁,130～131 頁,日本國際聯合協會 1962 年版。

刻的明確性。「就其鞏固各自既得利益，抗拒其他列強的爭奪來說，具有軍事同盟的性質；就其強化對中國的侵略來說，則無異於一項進攻性同盟」。〔註 53〕這一協約對錦璦計劃與清政府聯美謀略的打擊，駐俄公使薩蔭圖有切實的描述，他在宣統二年六月初七致外務部的電文中指出，「俄京各報咸謂該約爲美國創議贖路所激成，他國議論，美德反對，英贊成，法不甚注意，按該約第一條改良鐵路事宜所包極廣，兩國協力經營滿洲有進無退，是其本意。第二條保持現在局勢，在彼聯結愈固，在我應付愈難。第三條雖爲防禦他國而設，然我欲收回權利不復能得他國助力。」〔註 54〕

　　總之，這兩項條約實際上宣告了錦璦計劃和諾克斯計劃的死刑，遑論英國的冷淡、法國的曖昧和德國的三心二意了。

〔註 53〕　崔丕：《近代東北亞國際關係史》，283 頁，東北師範大學出版社 1992 年 5 月版。

〔註 54〕　《清宣統朝外交史料》卷十五，《使俄薩蔭圖致外部俄日協約經營滿洲有進無退，請整頓內治電》，3731 頁。

第六章　聯美制日政策的最後失敗

　　雖然新法計劃、錦璦計劃等接連遭遇挫折，但清政府仍殷殷指望依靠美國的財政、外交支持來抵制日本，於是，又有了幣制與實業借款計劃的出臺。對美國而言，參與幣制與實業借款是繼諾克斯計劃失敗後對日俄的新反擊。起初清政府把該借款權單獨給予美國，但是最終美國轉手把它用作參加國際銀行團的籌碼，企圖在國際金融資本對華的共同掠奪中占據領導地位。這樣便把中國置於國際資本的籠罩之下，致使清政府聯美制日政策最後失敗。

一、清政府最後一搏：幣制改革與實業借款的提出

（一）

　　清末幣制混亂，不僅多頭髮行貨幣，各種貨幣相互之間也沒有固定的兌換率，這對經濟的發展極其不利。

　　1901 年世界銀價暴跌，中國外匯市場混亂，英國爲了保證其所得的庚子賠款不受影響，曾定約要求清政府建立穩定的幣制。1903 年訂立的中美、中日新商約也都有類似的規定。唐紹儀在 1908 年訪美之前的 7 月 27 日，曾奏言：「幣制未定之弊，業經中外臣工累牘詳陳，早在聖明洞鑒。若再延宕，非但與圜法內政有關，亦與目前之提議加稅牽涉極大，矧我國關稅，悉數指抵賠款，現與各國息借，幾至無可抵押，倘加稅之約早定，則每年稅收驟增二三千萬，以後與各國財政往還裨益，正復不淺，臣忝承明詔，敢不竭盡智慧，冀抒歷注第原約各款與加稅一項，事異約同，一日未盡日實行，即一日難於措手。」「其幣制一層，應請宸衷獨斷，即以一兩定爲銀幣本位，早日宣布，

以釋群疑。俾諸國見我於原約各端，俱已陸續興辦，庶加稅之約或當不至疑難。」〔註1〕

1908 年 12 月，唐紹儀訪美期間，就曾試圖與美國資本家商談貸給清政府一筆巨款，以協助中國進行幣制改革和實業發展。在司戴德的聯絡下，坤洛公司的老闆席夫表示，如果條件令人滿意，他將承擔此項貸款。〔註2〕後因唐紹儀被召回，這筆借款也未能正式商洽。

從 1909 年起，清政府開始著手憲政改革的準備工作，其中一項重要內容，就是整理財政，增加中央政府的收入，加強中央對地方的控制，朝野上下都認為應該從統一幣制入手。1910 年 5 月 24 日，清政府頒布《幣制則例》，正式進行幣制改革。

1910 年九、十月間清政府向美國提出幣制改革及借款要求。清政府此時提出這筆借款，雖有財政上的原因，但主要是外交上的考慮。清政府在向美方要求提供幣制改革貸款的同時，還派外務部大臣梁敦彥秘密出訪德、美，謀求兩國對中國軍事和商務改革的支持，並敦促他們對中國的主權和完整作出新的承諾，籌辦海軍大臣載洵也在 8 月間赴美活動，行前盛宣懷致電希望他能「設法與美妥議牽制日俄之策」。〔註3〕

與幣制借款一起的，是東三省實業借款計劃，清政府提出這筆借款，則具有鮮明的政治與外交動機。

日俄新協約的成立，加劇了東北的險峻局勢，清廷內外臣工莫不引以為憂，為了挽救危局，錦璦計劃再一次被提出來。錫良在 7 月 7 日電告軍機處，建議將粵漢借款移作修建張恰、錦璦鐵路之用，他指出，「近來日俄邦交親密，日之合併朝鮮，俄之規畫蒙古，兩國已不啻互相默許，聞近日俄軍在我國西北邊界舉動，野心叵測，萬一俄以全力脅制中國，要求借款代辦張恰鐵路，拒之不易，允之為難，殊有進退維谷之勢，我若出其不意，密速將粵漢借款先行拔為張恰造路之用，趁此事機未竟以前，東之錦璦、西之張恰，同時並舉，迅雷不及掩耳，使彼無計可施，倘粵漢借款難以移撥，似宜另向美德借款，而以比國包工，則俄人之力必不能阻，此皆境內之事，主權在我，盡可

〔註1〕王彥威纂輯、王亮編：《清季外交史料》（三），卷215，《專使美國唐紹儀奏請實行商約、速定幣制折》，3290～3191 頁。

〔註2〕Straight to Knox, March 26, 1909. Straight papers, Olin Library, Cornell University.

〔註3〕盛宣懷：《愚齋存稿》，卷76，電報53，第 5 頁，臺灣文海出版社 1966 年版。

自由」。〔註4〕時任郵傳部右侍郎的盛宣懷也鼓勵錫良以先斬後奏的辦法推進錦璦計劃，他分析說，「要知法助俄、英助日，皆爲債主。吾利用美債而落後著，實堪痛惜，此時若仍由外務部核奏，非與日俄商定不可」，「今俄日加約，美德甚忌，若善用之，尚可挽救。公素抱純忠，如能面肯濤邸密奏危殆實情，並與美員商定，公專折上聞，得旨即畫押，他日由部調處，雖許張恰等路，東省則已得救星」。〔註5〕

但是清政府面對俄國的阻撓無能爲力，修建錦璦鐵路之舉無望。雖然東北局勢岌岌可危，錫良堅持認爲，「東三省壤地之廣，物產之饒，銳意振興，未始無轉弱爲強之日」。錦璦計劃運作不利時他就曾提出新的借款計劃：「擬請商借外債銀二千萬兩，以一千萬兩設立東三省實業銀行，以五百萬兩爲移民興墾之需，以五百萬兩爲開礦築路之用。」〔註6〕

清政府在日俄新協約成立後，鑒於朝鮮的被兼併及東北和蒙古的危機，決意再做一次聯美的努力。1910 年 9 月 5 日，清政府批准了東北借款的計劃，聲稱此舉「既爲各國所習見，亦符均勢之本謀」。〔註7〕

（二）

美國對中國的幣制改革的反應是積極的。早在 1908 年 12 月，國務卿羅脫就曾對唐紹儀尋求幣制改革借款一事表示：「中國政府現在意圖採取的有力的經濟和行政改革措施，與美國的條約、美國的政策和美國的商業利益完全一致。因此，美國政府將對此持非常同情的興趣，並將以一切合適的方式推動這些改革。」〔註8〕

在清政府頒布《幣制則例》後，美國國務院於 1910 年 6 月 11 日、14 日兩次與中國駐美公使張蔭棠接觸，一面建議清政府選擇幹練顧問，一面重申，「中國果能實行改良幣制，美政府甚願效力」。〔註9〕塔夫脫政府希望在諾克

〔註4〕《清宣統朝外交史料》卷十五，《東督錫良致樞垣俄人脅制中國，請提前議定錦璦張恰二路電》，3728 頁。

〔註5〕盛宣懷：《愚齋存稿》，卷 76，電報 53，第 7 頁。

〔註6〕《清宣統朝外交史料》卷十六，《東督錫良奏東省大局益危，密陳管見折》，3750～3751 頁。

〔註7〕《清宣統朝外交史料》卷十六，3751 頁。

〔註8〕Root to Straight, December11, 1908.Straight papers. Olin Library, Cornell University.

〔註9〕宣統二年五月十八日（1910 年 5 月 4 日），張蔭裳致外務部電，第一檔案館，外務部檔，3497 號。

斯計劃和錦瑗計劃相繼失敗之後，以幣制借款激活對華「金元外交」。

1910 年八、九月間，外務部會辦大臣那桐就幣制改革借款問題同美駐華公使嘉樂恒多次磋商。1910 年 9 月 22 日，盛宣懷正式向嘉樂恒提出，希望美國承擔五千萬兩銀的幣制借款。美國務院對這一要求表示同意。威爾遜於 26 日親自將這一消息轉告美國財團，華爾街對此極感興趣。1910 年 9 月 29 日，諾克斯告訴嘉樂恒，美國財團表示將承擔這筆貸款，國務院希望此事儘快獲得令人滿意的安排。諾克斯還機密地通知嘉樂恒，財團承接該貸款的條件是，儘快指命一名美國金融顧問協助擬議的金融改革。〔註 10〕

在清政府同美國洽談幣制借款前後，美國財團同時又在競爭東三省實業貸款。1908 年 11 月 8 日英國匯豐銀行曾與徐世昌達成一筆一百萬兩白銀貸款協定，其中規定，貸款期內，匯豐銀行對將來東三省用於一般目的的借款有優先取捨權。因此，錫良推出東三省實業貸款計劃後，便先同匯豐銀行接洽此項貸款。美國財團提出抗議，並於 1910 年 9 月 2 日致函外務部會辦大臣那桐，提醒他「唐紹儀備忘錄」對美國向東三省銀行提供貸款的權利的保證。1910 年 9 月 3 日，嘉樂恒又趕到外務部交涉，那桐秘密地告訴他，將同美國財團談判東三省實業借款。威爾遜在 1910 年 9 月 18 日給嘉樂恒的電報中稱，國務院認爲那桐關於「唐紹儀備忘錄」的保證表明中國政府承認了美國財團要求的優先性與有效性。〔註 11〕度支部尚書載澤和郵傳部右侍郎盛宣懷在 1910 年 10 月 2 日向嘉樂恒提出，如果美國銀行家願意提供五千萬兩的幣制借款，則二千萬兩的東北實業借款也應包括在內；中國希望完全同美國人談判這筆借款，美國人可以自由地在其他市場出售這些債券，至於顧問一事，載澤、盛宣懷表示，中國政府願意任命一名美國顧問以協助幣制改革，但他只有純粹的咨詢職能，且與幣制貸款談判無關。〔註 12〕

1910 年 10 月 27 日，清政府代表載澤與美方代表嘉樂恒簽訂了《幣制實業借款合同》。載澤在簽字後告訴對方，美國政團樂意擁有多少夥伴都可以，但他將只同美國人簽訂正式協定，並希望美國持有大多數的債券，以便對該

〔註 10〕Knox to Calhoun, September 29, 1910. Knox papers. Olin Library, Cornell University.

〔註 11〕Calhoun to Knox, September 3, 1910. Knox papers. Olin Library, Cornell University.

〔註 12〕U.S. Department of State：Papers Relating to the Foreign Relations of the United States. 1912，Washington：Government Priting Office.p.90.

問題有控制權。〔註13〕

　　清政府將東北借款併入幣制借款的動機之一是要避免日、俄可能的阻撓；之二是要避免英、法、德對這筆借款的爭奪，使美國一家獨享該項貸款權，這與清政府聯美的政治動機相吻合。美國國務院認為，幣制實業借款不僅是一個促進美國在華投資機會的重要項目，而且也是推動陷入死局的錦璦鐵路計劃和東北發展計劃轉活的手段。諾克斯表示，他對東北部分的貸款有強烈的興趣，正是這一部分貸款的目的促使政府向財團提議把它包括在幣制借款中。〔註14〕實際上，幣制實業借款又更進一步地為美國插手中國的財政提供了機會。

二、四國銀行團成立：清政府對美單獨借款失敗

　　錦璦計劃失敗之後，司戴德於1910年8月回到美國，這時他發現，「銀行家們開始急躁起來，他們寧願選擇乾淨利落的項目，沒有遷延不決，沒有巨大責任，不需要擁有相反利益的列強及其他種種不可靠人物的允准。他們不喜歡將自己的生意與那麼多的政治攬在一起。……錦璦計劃的失敗打擊了他們的熱情，……他們被政府加在他們身上的、可能引起國際衝突的巨大責任嚇壞了。在他們看來，那不像是正經八百的買賣人的事情。一些金融家要求退出銀行團，更多的則心懷疑慮」。〔註15〕銀行家們雖然曾在一個他們認為有希望成功的政策下甘願充當一個外交工具，但是他們不願為一個失敗的政策作出金融上的犧牲。

　　1910年9月，美國銀行巨頭在紐約召開會議，研究銀行團今後的去從。會上作出兩項決定：第一、銀行家留在銀行團內，不能退出，保持對華行動的方向；第二、改變行動的方式，「在決定留在銀行團裏的同時，他們決定擺脫政府的外交政策強加在他們身上的危險、複雜的責任」。〔註16〕銀行家們的意圖非常明顯：實行不與列強衝突的在華經濟擴張。華爾街美國財團不僅重新考慮它的在華活動和與國務院的關係，而且也試圖調整它同歐洲三國銀行

〔註13〕U.S. Department of State：Papers Relating to the Foreign Relations of the United States.1912.p.91.

〔註14〕Knox to the American Legation at Peking, January13, 1911. NA, RG59：893.51/274.

〔註15〕Herbert Croly,Willard Straight. p.340.

〔註16〕Herbert Croly,Willard Straight. p.342.

團的關係。早在 1910 年 5 月 23 日的巴黎會議上，歐洲三國銀行團就提出讓美國財團加入它們的聯合體，以便將四國財團在湖廣借款上的合作擴展到其他在華業務上。當時美國財團希望保持獨立行動的地位，拒絕了這一建議。現在美國財團決定改變它的立場，在 1910 年 9 月 2 日的會議上，財團各成員一致同意接受英法德銀行團的邀請，加入一個關於在華貸款業務的四國協定。〔註 17〕華爾街的這一決定導致了「金元外交」新的行動策略的出現，這在即將到來的幣制實業借款談判中充分顯示出來。

1910 年 9 月 3 日，司戴德等代表銀行團，會晤諾克斯國務卿，將上述會議精神轉達：「他們威脅說，如果政府不修訂其政策，以使銀行家們擺脫危險的責任，那麼他們就退出銀行團，只有在下述條件下，銀行團才同意繼續作爲國務院的海外金融代理人。那就是，銀行團不被驅使去尋求或接受可能遭到其它列強不妥協反對的項目。」諾克斯與銀行團就此達成了協議。〔註 18〕這實際上是回到了羅斯福的政策。羅斯福政策的核心就是，在不與列強發生衝突的前提下，實行對華經濟擴張。現在，經過一番曲折之後，搭夫脫政府又回到羅斯福的對華政策上來。甚至，它爲美國銀行團選定的具體項目也幾乎與羅斯福當年熱心經營者相同——湖廣鐵路。

湖廣鐵路借款的爭論給美國重新宣稱其對中國本部的鐵路擁有貸款權提供了一個機會。花旗銀行、國立城市銀行還有摩根公司在不同程度上設法插足於湖廣鐵路事務。早在 1896 年，美國曾獲得粵漢鐵路修築權。1905 年，美國合興公司爲了取得經紀人利益，把該路底股三分之二（2/3）售給以法、俄資本爲後臺的比利時公司。自 1905 年摩根放棄利權以後，粵漢鐵路歸入湖廣鐵路計劃，幾經周折，湖廣鐵路利權落入英德法三國手中。

美國銀行團成立之初，本以爭取參加湖廣計劃爲目標，後來卻被哈里曼、司戴德等人引入東北。經過挫折、重新制訂政策以後，他們的注意力就又集中到湖廣鐵路。1909 年 6 月，英、法、德三國銀行團與督辦粵漢川鐵路大臣張之洞議訂《粵漢川漢鐵路草合同》，由三國銀行團向清政府提供五百五十（550）萬英鎊。美國不甘心被摒斥於粵漢、川漢鐵路借款活動之外，塔夫脫

〔註 17〕 Willard Straight： "History of the Currency Loan Negotiations from September 1910 to January 1911 with Certain Conclusions Regarding the Prospects of the American Group in China." February 3,1910. Straight papers, Olin Library, Cornell University.
〔註 18〕 Herbert Croly,Willard Straight,p.343-344.

總統與國務卿諾克斯派出美國銀行團代表前往英國倫敦，與英、法、德三國銀團代表進行談判，要求在中國的粵漢、川漢鐵路借款中分一杯羹。美國的方案要求承擔鐵路借款總額的四分之一（1/4），但談判未獲得結果。於是美國一方面通過德國政府與英、法兩國政府進行斡旋；一方面又對清政府施加壓力。清政府慌恐不安，外交大臣梁敦彥提出增加借款額為六百（600）萬英鎊的建議，以便增加美國款額。此時，英國對德國在外交上支持美國的作法不滿，決定與美國合作。這樣基本上形成了英、法、德、美四國銀行共同對中國鐵路借款的格局。但是，張之洞卻在 1909 年 10 月病逝，借款談判「暫停」。

美國財團在同清政府交涉東三省實業貸款的同時，還參加了先後在倫敦和巴黎舉行的關於達成英、法、德、美四國銀行團協定的談判。1910 年 10 月 31 日，美國國務院就與中國訂立幣制實業借款草約一事通知英、法、德、日、俄各國，要求它們對中國的幣制實業改革予以支持。另一方面，美國財團打算把借款的一部分債券在歐洲金融市場上出售，因此寄希望於在倫敦舉行的四國協定談判。根據 1909 年 7 月 6 日在倫敦成立的英法德三國銀團協定中銀行間協定第 6 條和財團間協定第 5 條的規定，如果某成員承擔了一項其他成員不能參加談判和簽字的業務，它可以單獨談判和簽約，但在貸款協定中必須規定其他成員可以參加債券的發行。美財團認為目前它正好可以援引這條規定，使歐洲三財團承擔部分債券而不參加貸款的談判和簽字，因為清政府只希望同美方接洽這項業務。〔註19〕

四國財團的代表原計劃在 1910 年 11 月 2 日簽訂四國銀團協定，但在 1910 年 10 月底報界披露中美訂立幣制實業借款的草約後，法、德財團於 1910 年 10 月 31 日電告倫敦：他們不同意美國加入 1909 年 7 月 6 日的三國協定，只有當該協定的銀行間協定第 6 條和財團間協定第 5 條作出修改，使共同參加的業務也能共同談判、共同簽字時，他們才同意達成一項四國協定。英國和美國的財團反對法、德的這一要求，認為此舉違背了他們讓美國加入三國協定的諾言。然而在 1910 年 11 月 8 日的會議上，英、美方面還是同意了法、德提出的修正案，兩天后，四國協定正式簽訂，它規定，今後英、美、法、德四國財團聯合經營並均分在華鐵路投資的權益與機會，同時保留美財團在幣

〔註19〕 Willard Straight：「History of the Currency Loan Negotiations from September 1910 to January 1911 with Certain Conclusions Regarding the Prospects of the American Group in China.」February 3,1910. Straight papers, Olin Library,Cornell University.

制借款和錦璦鐵路借款上的獨立地位。美國方面則保證，將盡最大努力說服清政府同意歐洲三國參加幣制借款的簽字。四國銀行團正式宣告成立。〔註 20〕

雖然清政府希望美國一國作爲幣制貸款的提供者，但美國銀行行家意識到，「如果美國再與中國就幣制借款問題形成聯合，那只能是錦璦計劃命運的重現。〔註 21〕所以，美國人非常乖巧地邀請列強參加幣制借款，同時自己加入湖廣鐵路借款。1910 年 11 月，美英法德四國就此達成協議。四國銀行團的出現，表明國際金融資本爲宰割中國的利權，由激烈爭奪走向妥協和結爲同盟。

「以與列強合作代替與列強的爭奪」，〔註 22〕這就是美國政策轉折的內容。這樣形成的國際銀行團「將不會騷擾列強的既得利益。它不會試圖，比如美國銀行團在其政府指導下所做的那樣，把滿洲從日本和俄國的控制下解放出來，……列強再不互相爭鬥，扼住對方咽喉，而是在平等參加的規則下均分機會和利益」。〔註 23〕這對於一直致力於同日本人爭鬥的司戴德來說是一個變化。所以，司戴德是「心懷矛盾」地前往中國的。〔註 24〕

美國國務院的觀點是，無論美國單獨亦或與歐洲人一起對付這個問題，國務院都要使借款合同向美國提供一個對於中國財政事務的決定性的發言權，即使歐洲三國得以加入進來，爲了保證美國的支配地位，諾克斯仍堅持由美國單獨主持與中國的談判，並由美國派一名幣制改革顧問。〔註 25〕在談判草合同時，中方曾指望將來正式合同也只與美國一家談判和簽字，現在倫敦四國協定的成立，其他國家的財團也將參加談判和簽字，這樣中國人謀求通過同美國單獨締約所獲得的政治效果遭到破壞，因此美國知道，眼下很難說服他們同意任命美國財政顧問，此事只有等到司戴德來華談判正式合同時再說。

對清政府來說，這已經是壞得不能更壞了。清政府本希望美國能支持中國的改革和抵抗日、俄的侵略，現在美國加入國際銀行團，它將與英、法、

〔註 20〕 Willard Straight：「History of the Currency Loan Negotiations from September 1910 to January 1911 with Certain Conclusions Regarding the Prospects of the American Group in China.」 February 3,1910. Straight papers, Olin Library,Cornell University.
〔註 21〕 Herbert Croly,Willard Straight, p.351.
〔註 22〕 Herbert Croly,Willard Straight, p.344.
〔註 23〕 Herbert Croly,Willard Straight. p.345.
〔註 24〕 Herbert Croly,Willard Straight. p.351.
〔註 25〕 孫瑞芹：《德國外交文件有關中國交涉史料選譯》第三卷，177 頁。

德分享這筆貸款，從而違背了清政府的初衷。清政府認為它在這筆借款中的
政治目的受到挫折。直到錦璦計劃為止，清政府外交政策的核心就是企圖利
用列強之間的矛盾保持某種均衡，以求得苟延殘喘。清政府在外交上最懼怕
的就是列強之間的妥協合作。現在，清政府一直賴以作為外交政策支點的美
國也加入了列強侵華合作之中，無疑是對於清政府的沉重打擊。所以，當司
戴德與英法德各國將一切安排完畢，1910 年 11 月 27 日抵達北京與清政府開
始談判的時候，他發現自己不再是受中國官員歡迎的人物。「主要障礙在於中
國政府本身」。司戴德寫道，「中國人試圖打破各國銀行家合作的協議，他們
一想到再不能使用以夷制夷的老計謀，便恨得要命」。〔註26〕

　　司戴德與中方的談判圍繞著英、法、德參加貸款和任命美國顧問這兩個
問題進行。清政府的代表是度支部尚書載澤、郵傳部右侍郎盛宣懷以及大清
銀行副總裁陳錦濤。中國方面堅決反對英、法、德、美四國共同控制幣制借
款，盛宣懷指出：中國同意美方在歐洲出售一部分債券，但大部分須在美國
發行，如果 75%的債券給了歐洲，那麼中國還能指望從美國政府那裏得到什
麼額外的支持呢？他指責美國財團破壞了中國的意圖，出賣了中國。〔註27〕

　　但是司戴德終於找到了迫使清政府就範的辦法。俄國的新一輪侵華活動
給司戴德提供了良機。1911 年 1 月 12 日，俄使廓索維茲照會清外務部，要求
繼訂《伊犁條約》，照會共列舉三十五條要求，旨在大舉擴張俄在東北、蒙古
和新疆的利益。為了逼迫清政府讓步，俄國軍隊開始在邊境地區集結。此外，
1910 年冬在東北流行的鼠疫也使該地區的形勢很不穩定，日本、俄國都力圖
利用這種局勢加強對東北的控制。司戴德發現，這正是他可以利用的機會。
他對清政府官員指出，東北形勢十分危險，日本和俄國隨時都會以某種藉口
兼併中國的領土。中國要請求美國給予幫助，就必須通過湖廣鐵路借款和幣
制借款合同。如果中方不同意任命一名外國顧問為貸款監督人，拒絕幣制貸
款的國際性質，也不批准湖廣借款協定，美國方面很不滿意，就不會幫助中
國，在那種情況下，中國只得向英、法、德求援，但是這三國和美國一樣，
正為不能加入幣制貸款以及湖廣貸款、談判久拖不決而大為惱火，所以也不
可能幫助中國。因此對中國來說，明智之舉是立即簽訂湖廣貸款協定，並允

〔註26〕 Herbert Croly,Willard Straight. p.378.
〔註27〕 Straight to J.P.Morgan＆Co., December5,1910. Straight papers. Olin Library,
　　　　Cornell University.

許英、法、德三國參加幣制貸款。司戴德還強調指出，如果中國猶豫不決，等到日本和俄國兼併了東北，那時全中國都將陷入一種動蕩局面，誰也不會借錢給中國了。〔註28〕

司戴德的威逼利誘奏效了。1911 年 2 月 6 日，度支部尚書載澤告訴他，同意歐洲三國加入幣制貸款。1911 年 2 月 10 日，司戴德又同盛宣懷就任命顧問一事達成了一致，具體辦法是：（1）清政府致函美國公使館，請求美國政府推薦一名外國財政顧問，他的職能將在信中提及；（2）美方在覆信中表示同意中國的請求;（3）在貸款協定中不提及任命顧問一事，但必須以類似於湖廣協定中有關規定的方式，任命一名或幾名審計員，以便對貸款的使用進行適當的控制；（4）當盛宣懷和司戴德實質上同意了以上條件時，司戴德即邀請英、法、德財團代表考慮這些條件，並共同參加貸款協定的簽字。〔註 29〕盛宣懷還爭取到了度支部尚書載澤的同意。華盛頓也作出讓步，同意任命一名非貸款國且不是美國的顧問，並且這一任命是在與清政府的照會交換中確定，而不是由貸款合同規定的。

歷史就是這樣給人以辛辣的諷刺。當初塔夫脫曾信誓旦旦地說，美國要幫助中國發達，假設各國有不利於中國之舉動，美國亦當竭盡友國扶持之力設法攔阻。在利益面前，這些話變成空洞的言論。爲東北問題，清政府聯絡司戴德，投靠美國，現在，它卻發現，司戴德利用東北問題，壓迫清政府承認美國與列強的合作，清政府政策的結果是不僅未能拯救東北，反而爲自己戴上了列強聯合侵略的枷鎖，以夷制夷，反爲夷制。

1911 年 4 月 15 日，《整頓幣制及興辦實業借款合同》簽訂，該合同規定，借款總數一千萬英鎊，利息 5 釐，九五折，45 年期限，以東三省烟酒稅、出產稅、銷場稅、各省鹽斤加價收入作爲擔保，清政府保證給予四國銀行團今後借款的優先權。〔註30〕911 年 5 月 20 日，四國銀行團與清政府郵傳部大臣盛宣懷簽訂了 600 萬英鎊的《湖廣鐵路借款合同》。

《整頓幣制及興辦實業借款合同》第 16 條這樣規定，如清政府今後要爲幣制改革和東三省實業續借外債，必須先與四國銀團接洽，這一條款爲列

〔註28〕 Herbert Croly,Willard Straight. p.386-387.

〔註29〕 Straight，「Interview with His Excellency Sheng Kung Pao,」, February10, 1911. Straight papers.

〔註30〕 U.S. Department of State：Papers Relating to the Foreign Relations of the United States.1912.p.89. p.90.

強「日後擴大參加滿洲鐵路建設確立了一個優先的地位」。〔註 31〕從列強在華競爭的格局看，美國在華地位也有了重要的改善。司戴德相信，由於美國財團在該項貸款中的首要地位，它將能夠獲得四國銀團的領導權，「此權在握，美國政府將能夠履行它的屢次聲明，向中國政府提供實際的、急需的幫助，以推進行政治改革並保護中國免遭那些威脅著這個帝國完整的列強的侵略」。〔註 32〕

但可悲的是，清政府作出巨大讓步卻未能換得它所期望的支持。1911 年二三月間，俄國就《伊犁條約》的修訂提出了最後通牒，而英國除了利用俄國的壓力促使清政府接受它的要求以外，沒有向中國政府提供任何形式的援助，最後清政府在俄國的武力威脅下全面妥協。與此同時，梁敦彥的美國之行也遭到失敗，諾克斯不願與德國一起發表一個維護中國主權和完整的宣言，拒絕對清政府尋求的外交支持作出任何實際的承諾。

幣制借款和湖廣借款一起加劇了國內對清王朝的不滿和憤怒。立憲派指責說：「兩月以來，驟增外債至二萬萬餘，陷中國於永劫不復之地位。」〔註 33〕清王朝的統治基礎不僅沒有因此而鞏固，反而被進一步削弱了。隨著鐵路幹線國有化政策的宣布和保路運動的興起，清王朝的滅亡是指日可待了。

美國參與並策劃四國銀行團的成立和清政府湖廣鐵路借款合同的簽訂，說明美國壟斷資本在東北投資計劃失敗後，便把予頭轉向了我國華中、華南地區。清政府則幻想通過「鐵路國有」的政策，把粵漢、川漢路賣給帝國主義，藉以阻止中國人民革命風暴的到來。但歷史卻是無情的，恰恰是湖廣鐵路借款這筆鐵路交易，激起了清末的鐵路風潮，成為中國 1911 年辛亥革命的導火線。正當列強為鐵路借款紛爭不休的時候，湖南、四川等省掀起一場「保路運動」，革命黨人抓住這一契機，發動辛亥年武昌起義，導致了清政府的垮臺。

三、六國銀行團成立：聯美制日政策的徹底失敗

俄、日兩國都把幣制實業借款看成對其在東北的特殊利益的挑戰。四國銀行團對華享有借款權，更引起日本與俄國的不滿，1911 年 5 月上旬和中旬

〔註 31〕孫瑞芹：《德國外交文件有關中國交涉史料選譯》第三卷，183 頁。
〔註 32〕Herbert Croly, Willard Straight. p.403.
〔註 33〕張枬、王忍之：《辛亥革命前十年間時論選集》，第三卷，796～797 頁，三聯書店 1977 年版。

日俄在彼得堡和東京頻頻會談。日本堅決反對該幣制借款合同第十六條規定的優先權。〔註 34〕

1911 年 6 月 26 日，日、俄同時向法國政府遞交備忘錄，指出合同第十六款爲銀行團在滿州造成了優勢地位，要求法國「在取消該合同的上述條款之前，拒絕支持美、英、德、法四國銀行團的的對華貸款」。〔註 35〕隨後又分別向英、德、美三國提出了同一要求。

與日俄有政治同盟關係的英、法兩國，它們與美國在涉及東北問題時所採取的立場根本不同，尤其在歐洲面臨著德國威脅的情況下，更不能漠視日本和俄國的要求。英國政府同德、美、法三國政府協議後覆照日、俄兩國說，四國銀行團準備發表一項解釋性聲明，第十六條款不會亦無意造成俄、日政府所擔心的那種壟斷，「倘若各財團對此種壟斷有任何要求，亦不會得到本國政府的支持」。〔註 36〕

但是，「東京」要求日本資本參加湖廣和幣制借款。〔註 37〕俄國也躍躍欲試，準備在四國銀行團不肯合作時，爭奪對中國的借款。總之，這種通過四國銀行團發表「共同聲明」平息日、俄不滿的嘗試未獲成功。日、俄兩國的立場依然如故。俄國甚至還提出建立一個「政治利益和經濟利益俱分配得較爲平均的」新銀行團，由俄、法、日或俄、法、英組成，與四國銀行團平分秋色，「將長城以北的地區留給自己，將中國內地讓給四國銀行團」。〔註 38〕

法國對俄國的立場率先表示支持。在日、俄法三國的壓力下，華盛頓不得不考慮作出讓步。英國遂在 1911 年 10 月 13 日建議，要求中國政府起草一個擬在東北興辦企業的詳細計劃，這個計劃必須列出每一個用借款興辦的企業及所需費用，這樣，銀行團將來用增加款項擴充已成企業的優先權受到限制，同時也能預防一切將來可能發生的爭執。〔註 39〕德國和美國對此表示贊同。

四國銀行團在幣制借款合同第 16 條款上的讓步，對於英、法來說，是與他們對日、俄在東北特殊利益的傳統立場相一致的，這一立場曾使諾克斯計

〔註 34〕外務省編：《日本外交文書》第 44 卷第 2 冊，第 674 號文書。
〔註 35〕外務省編：《日本外交文書》第 44 卷第 2 冊，第 690 號文書。
〔註 36〕外務省編：《日本外交文書》第 44 卷第 2 冊，第 713 號文書。
〔註 37〕Herbert Croly, Willard Straight, p.397.
〔註 38〕蘇聯外交部：《帝國主義朝代的國際關係》第 2 編第 18 卷，第 91 號文件，莫斯科 1938 年版。
〔註 39〕孫瑞芹：《德國外交文件有關中國交涉史料選譯》第三卷，200～201 頁。

劃和錦瑗計劃先後告吹；法國之所以對俄國的要求反應特別積極，是因為目前法國政府恰好特別需要俄國幫助解決摩洛哥問題；美國之所以願意妥協，主要由於兩方面原因：政治上，在東北問題上經歷了第一個回合的挫折之後，國務院不願意再單獨與俄、日對抗；財政上，美國財團對英法金融力量的依賴也使其無法堅持己見，畢竟，作出部分的讓步要比斷送整個幣制借款計劃明智得多。

　　為了使借款順利發行，英、法兩國堅持要求吸收日、俄兩國加入銀行團，美國也企圖用吸收俄、日參加銀行團的辦法束縛他們的手腳。1911 年 9 月下旬四國銀行團柏林會議決定：（1）銀行團不利用合同第十六款將其活動擴大到「滿州」，不妨礙俄、日兩國向該地區貸款；（2）即使中國迫於俄、日兩國的壓力，而希望取消合同第十六款，銀行團亦不擬反對；（3）銀行團願意接納俄、日兩國財團參加其今後一切業務活動。〔註 40〕這是四國銀行團對日、俄的重大讓步，標誌著與日、俄的角逐中，美國開始處於守勢。

　　1911 年 10 月，中國爆發了辛亥革命。1912 年中華民國成立以後，四國銀行團又重新活動。中國雖然由帝制變成了共和國，但統治階級對帝國主義列強的依賴、依附和帝國主義列強對中國主權、利權的踐踏和爭奪，卻依然如故。帝國主義列強密切注視形勢的發展，力圖保持並伺機擴大在中國的既得利益和特權。司戴德繼續在北京進行借款談判，他的對手是現任民國總理的唐紹儀。但奉天時代的那種親密關係已成過去。司戴德要唐紹儀接受四國銀行團作為民國的唯一借貸者。而「中國總理則不信任洋人，不願被無助地置於任何銀行團的手心」，〔註41〕特別是鑒於日俄兩國也正要進入這一國際銀行團。1912 年 3 月 14 日，唐紹儀撇開國際銀行團，與一家獨立的比利時銀行簽訂一項借款合同，這一行動得到了孫中山及南京臨時參議院的支持，〔註42〕卻激怒了司戴德和四國銀行團。司戴德與唐紹儀進行了一場「狂風暴雨似的會談」，認定唐紹儀的這一行為是不誠實的明證。在司戴德進行交涉的同時，四國政府也積極行動，向中國施加壓力。在列強壓迫下，袁世凱聲稱不知此

〔註40〕蘇聯外交部：《帝國主義朝代的國際關係》第 2 編第 18 卷，第 765 號文件，莫斯科 1938 年版。

〔註41〕Herbert Croly, Willard Straight，p.376. p.391.

〔註42〕D‧弗立澤於 3 月 26 日在南京見到了孫中山和唐紹儀，孫中山向其明確表示了他對唐紹儀此舉的支持，見駱惠敏編、劉桂梁等譯：《清末民初政情內幕》上卷，775 頁。

事，與比利時銀行的合同被作廢。〔註43〕因此，1912 年 6 月，唐紹儀辭去民國總理職務。

1912 年 3 月，四國銀行團決定向袁世凱政府提供一千三百（1300）萬兩墊款，並建議日、俄兩國參加。日本政府認為對華墊款「純係政治性借款，帝國政府必須參加」，並希望俄國作出同樣決定。〔註44〕俄國拒絕與四國銀行團合作的立場也開始有所變化。日、俄兩國先後向四國銀行團提出了加入的條件。日本的條件是：日本承擔的債券應允許在國外市場上發行；借款不能損害日本在南滿以及南滿毗鄰的內蒙東部的特殊利益；在聘用技師等方面利益均等；修改或取消幣制實業借款合同中關於借款優先權的規定。〔註45〕俄國政府則提出下列條件：借款不得用於滿洲、蒙古、東土爾克斯坦（即新疆）有關企業，在聘用技師上有同等權利；反對銀行團有壟斷權；俄國必須參加幣制實業借款。〔註46〕1912 年 6 月，四國銀行團在巴黎舉行會議。會議認為，這些問題屬於政治範圍，銀行團無權討論，並表示拒絕，但在法國的撮合下，四國銀行團決定滿足日、俄的政治要求，保證每一財團「不辦理為其政府所反對的業務」，同意日、俄「在利益有所牴觸時，可以退出」國際銀行團。〔註47〕

1912 年 6 月 18 日，英國匯豐銀行、德國德華銀行、法國東方彙理銀行聯合俄華道勝銀行、日本橫濱正金銀行與美國銀行團簽訂合作條約，成立了六國銀行團，共同進行對華借款。日本、俄國加入國際銀行團，他們在東北地區的「特殊利益」得到各國的承認。清政府擬定的以保全東北為目標的聯美制日政策完全失敗了。

這樣，四國銀行團變成六國銀行團，但上述決定等於在東北範圍內，日、俄財團仍保留了單獨的借款權。四國銀行團對日、俄的這種妥協，已經顯示出這一壟斷組織瓦解的徵兆。日、俄加入銀行團後，還利用英、法的力量，處處阻撓美國所設想的國際銀行團的發展方向，使美國在銀行團內逐漸由優

〔註43〕 Herbert Croly, Willard Straight，p.447.

〔註44〕 外務省編：《日本外交文書》第 45 卷別冊（辛亥革命），第 230 頁，日本國際聯合會 1961 年版。

〔註45〕 外務省編：《日本外交文書》第 44 卷第 2 冊，334、335 頁，日本國際聯合協會 1963 年版。

〔註46〕 外務省編：《日本外交文書》第 45 卷第 2 冊，414～422 頁，日本國際聯合協會 1963 年版。

〔註47〕 外務省編：《日本外交文書》第 45 卷第 2 冊，411、422 頁。

勢變爲劣勢。1912 年 7 月 8 日，日俄瓜分「滿蒙」的第三次《俄日秘密協約》簽字，形式上是劃分了兩國的勢力範圍，實際上是兩國對抗四國銀行團的一種表現。善後大借款成立後，中國政局劇烈變化，中國人民反對善後大借款的呼聲不斷高漲，在爭奪監督權的鬥爭中美國失利。1913 年 3 月 18 日，反對搭夫脫的「金元外交」政策的美國新任總統伍·威爾遜發表《美國對華政策聲明》，表示不再支持美國財團留在六國銀行團內及對華大借款。1913 年 3 月 21 日，美國財團正式退出。

　　塔夫脫於 1912 年 12 月向國會報告說，他的對外政策是建立在現實的基礎之上的。他的對華政策鼓勵財政投資，以便通過贊助中國的改革和促進國際合作來賦予門戶開放政策以「新的活力並使之得到實際應用」。美國已經成熟，是改造陳舊的外交原則以使之適應新形勢的時候了。這位總統宣稱，他採取了一種「通達的、現代化的觀點」，已經摒棄了「過時的陳腐信條」。但正如查爾斯·威維爾的評說，「撇開其政治現實主義這個冗贅、矯飾的用語，塔夫特政府的對華政策不過就是一種商店主外交。該政策的倡議者注意到了美國國內日益增多的貨物積存，並留心到在華的商業競爭。他們將中國視爲美制貨物的一個潛在的主顧，並要求對華政策更適合於向這一目標推進。「金元外交」並非外交功能上的一種新概念，它也確是與時代完全協調一致的。如果華盛頓政府承擔起保護和擴張美國在華商務的責任似乎顯得是簡單的事，那麼在外交上去履行這一責任的困難要更多。確實，這個「講求實際」的政策並不像它所自命的那樣完全掌握得往局勢」。〔註48〕

　　美國的運作，不僅使俄國和日本密切了相互間的關係，還由於它適應了歐洲巴黎和倫敦的政治需要而導致俄、日進入國際銀行團。因此，C·威維爾和 H·漢特在他們各自的著作中都不約而同地談到「美國的失敗」。其實，如專家所言，眞正的失敗者只有一個，那就是中國。

〔註48〕〔美〕查爾斯·威維爾著，張瑋瑛、李丹陽 譯：《美國與中國：財政和外交研究（1906～1913）》，第 168 頁。

第七章　結語：以夷制夷
——清政府聯美制日政策評析

　　聯美制日在一定程度上是對中國古代「以夷制夷」謀略的繼承，「以夷制夷」原本是春秋時代中原各國用以對付周邊落後民族的一種手段，此後的封建王朝也多沿用此道，通過對「蠻夷」賞賜封貢、給以親疏不同的待遇來製造、利用矛盾，使一部分「蠻夷」反對、控馭另一部分「蠻夷」，以達到相互牽制的效果，從而穩定邊疆或消解外部壓力。這裏的「夷」可以是國內的少數民族，也可以是侵略中原的外來民族。「以夷制夷」成效的大小，又與施行這一政策的統治者自身的興衰強弱密切相關。在中原王朝強盛之時，制夷頗有效果，而中原王朝國勢衰弱之時，則效果不彰，甚至反被夷制。在古代，中原王朝面對的，一般是獨立之夷，少有眾夷聯手謀我的局面，所以古代的「以夷制夷」，操作簡單，易獲成功。而清末國勢衰微，積貧積弱，面對的又是眾列強協同謀我的局面，其所謂的「以夷制夷」，不過是在沒有實力的情況下，通過出讓某些利權給一個列強或某幾個列強，使之對其他列強的侵華活動形成牽制，從而延緩危機。這種失去了主動性、操縱由人的外交政策無法從根本上使清政府脫離險境，最好的結局不過是兩害相權取其輕。

　　清政府和東北當局把引入美國資本，以制衡日俄，尤其是日本，作為挽救東北危機的唯一出路，因而制定並努力運作了聯美制日的一系列計劃。然而最終結果，只成為清政府的一廂情願，並未得到預期的成果。正如李大釗所說，「以夷制夷」這句話裏，不但包含著許多失敗、失實的痛史，而且實在可以表現民族的卑弱恥辱。無論以人制人，虎去狼來，受禍還是一樣。就是

幸而依人能求苟活，這種卑陋的生活，也終於自滅而已」。〔註1〕的確，即便清政府所運作的聯美政策成功，也終難免被侵凌和覆亡的命運。

但是從外交上看，一個弱者面對一個強者時，其失敗基本上是注定的，但一個弱者面對幾個強者的時候，它反而多了周旋的餘地。因而，清政府制定聯美制日外交政策，具有一定的歷史合理性。而且，在一定的意義上，這也是值得肯定的外交運作。從實際上看，清政府的聯美政策並非沒有意義。

這一政策使日俄擔心美國勢力威脅它們在東北的利益，因而二者聯合起來對付美國，《日俄密約》的簽定（1907年日俄兩國在彼得堡簽訂第一次《日俄協定》和《日俄密約》，1910年7月在彼得堡簽訂第二次《日俄協定》，1912年7第三次《日俄密約》，調整了兩國在中國東北、蒙古以及朝鮮問題上的爭端）對東北、東北亞地區的歷史進程產生了重大影響。日本在調整日俄關係的同時，爲緩和美日矛盾，與美國簽署了《羅脫-高平協定》。但是，由於日本對中國天然的地緣政治優勢及其獨霸中國的強烈野心，一直排斥美國的經濟擴張，日美矛盾不斷加劇，日美矛盾逐漸取代日俄矛盾使遠東國際關係格局發生新的變化。

1905年8月、1911年7月，日本與英國簽訂了第二次《英日同盟條約》、第三次《英日同盟條約》，以加強日英關係。由於日俄兩國的聯合和美日矛盾的尖銳，英日同盟失去了反俄的作用，而具有反美傾向，導致日美對立加深。隨著在歐洲與德國的搏鬥日漸逼近，英國迫切要求與美國接近，希望得到美國的支持。因此，當美國塔夫脫總統於1910年8月提議同英國締結仲裁談判條約時，得到了英國政府的響應，英國還立即以此來作爲修改英日同盟條約的藉口。儘管英日關係進一步疏遠，但雙方仍需要這個同盟。在與美國締結談判仲裁條約的同時，英國外交大臣格雷與日本駐英大使加藤高明談判修訂日英同盟，1911年7月13日在倫敦，日英簽定了第三次《日英同盟條約》，期限爲10年。該條約內容大體上與第二次盟約相同，但是明顯的改動是第四條款：「若締約國之一方，與第三國已締結普遍仲裁條約時，在此仲裁條約有效期間，認爲本約無任何規定使此締約國負有與該第三國交戰之義務。」〔註2〕1911年8月3日，美英兩國簽訂了仲裁條約，這實際上宣布了英日同盟不適用於美日戰爭。

〔註1〕李大釗：《再論新亞細亞主義》，《李大釗全集》第三卷，358頁，河北教育出版社1999年版。

〔註2〕王芸生：《六十年來中國與日本》第5卷，第327頁。

由於英國被免除了在日美發生戰爭時的參加義務，日英之間的離心傾向顯露無疑，因而日本對俄國的依賴加深。如清政府駐俄公使薩蔭圖致外務部所述，「至近年來日本已併朝鮮，英俄邦交亦漸親密，而英與美又訂立仲裁條約，今昔情勢迥乎不同。故此次英日續修同盟條約，特將第三款第四款全行刪除，而將舊約第二款亦加修改。（舊約第二款原係兩訂約國中之甲國如與其他一國或數國戰爭，乙國當出兵相助，現改爲如甲國與第三國訂有仲裁條約，至乙國與第三國開戰時，甲國不必幫助，蓋以英與美訂有仲裁條約故也。此款新約中列第四）全約面目爲之一變，惟保持在中國之商權及尊重中國獨立及領土完全一節，仍爲約中重要之款。其注意於中國固今昔不殊也」。〔註3〕這對中國以後的歷史發展產生了重大影響，終於導致利於聯美制日政策推行的局勢。

雖然當時清政府的聯美政策並未達到預期目標，但來自美國的某些主張和動向對日俄產生了一定的心理影響，日俄在東北的行動一定程度上受到美國力量的制約，日俄瓜分中國的野心受到一定的遏制，這未嘗不是清政府力圖追求的效果。

從總體上說，清王朝滅亡之前的一段歷史時期，聯美是維護東北領土主權的主要策略。乃至到民國初年，聯美制日仍舊是當時中國政府的一項重要外交政策，而且是以晚清政府所作過的外交努力爲基礎展開的，而且也產生了一定的作用。尤其重要的是，這一政策也對以後的中國歷史產生了深遠的影響，在一定程度上，它規劃了 20 世紀上半葉中國外交的大格局。

清政府聯美制日，始終是政治意義大於經濟意義，戰略意義大於實質意義，這使得清政府及東三省當局肯付出經濟代價獲取外交目的。一個國家的對外政策決定於國內的形勢和國際間的力量對比。清政府深悉自身積弱，同時也基本掌握、並利用了當時東北問題上的國際矛盾。而美國國內不同政治派系勢力的消長起伏，直接導致了美國重新在東北問題上對中國進行干涉，從而促使清政府「聯美」的外交政策成爲可能。清政府把維護東北領土完整的希望寄託在美國資本上，而其利用美國資本的願望符合美國資本家向東北擴展權益的企圖，美國駐奉天總領事司戴德就力勸美國政府利用清政府這一傾美政策來實現美國資本家對東北的侵略計劃。他堅信，這樣做「對推進和

〔註3〕《清宣統朝外交史料》卷二十二，《使俄薩蔭圖致外部丞參、英日第三次修改同盟條約已在倫敦畫押函》，3914～3915 頁。

指導」美國「在未來幾年」在東北的「發展」是有幫助的。〔註4〕司戴德的主張得到一些美國政府官員的首肯。如負責美國國務院遠東事務署籌建工作的第三助理國務卿亨廷頓・威爾遜也認爲，美國政府應「強制要求日本恢復在滿洲的機會均等」，他進而指出，如果日本在開放東北門戶方面同美國合作，「一切都沒有什麼」，如果日本拒絕，美國政府就要設法「迫使日本就範」。同時美國要加強同「中國」的合作。〔註5〕

清政府聯美制日政策之所以失敗，其原因，首先是由於日本的反對；再次是因爲當時美國政府對日本所採取的綏靖政策。這說明清政府對美、日估計不足，對美日矛盾的實質及矛盾的發展變幻未能掌握。

美國政策的變化，首先是以其在東北亞的現實實力地位及利益重要程度爲歸依的，它所追求的基本目標，顯然是限制日本的進一步擴張，又盡力避免，至少是推遲與之發生正面衝突，這決定了美國對日抗爭所採取的形式和能夠達到的程度。在美國的對外政策中，歐洲總是占據最重要的地位，在它的對亞洲政策方面，也總是要把對日本的關係擺在中國的前面。美國在遠東的實際利益也決定了美國在中日戰爭中的基本立場和態度，必然是盡可能的保持「中立」，而且是有利於日本的中立。其次，美國國內的政治鬥爭也是很複雜的，兩次大戰之間孤立主義勢力相當強大，而根據美國的政治制度，宣戰的決定權在國會，不在總統和政府部門，美國人民又從來都不願意捲入外國戰爭，而沒有國會和強大的輿論支持，美國政府是很難作出戰爭決策的。

歷史的複雜還在於友好與對抗的關係在現實中相互聯結又相互破壞。如〔美〕保羅・希伯特・克賴德在《1689～1922年在滿洲的國際糾紛》一書（177頁，俄亥俄州立大學出版社 1928 年版）中所揭示的：日本有意識地努力緩和與美國的矛盾。南滿鐵路株式會社成立後，日本積極購買美國的機車、鋼軌和車廂等鐵路器材。在 1907～1908 年，日本進口各類鐵路器材總值爲 3，843，090，282 日元，其中從美國進口總值爲 1，891，758，093 日元，占日本進口總值的 67%。美國的鐵路器材對南滿鐵路的恢復和發展起了重大作用。〔註6〕

〔註4〕Straight memo to Taft ,2,November,1907,NA,RG59：2413/98-99.

〔註5〕Micheal H. Hunt,Frontier Defense and the Open Door——Manchuria in Chinese American Relations 1895～1911, P.147.

〔註6〕見王學良：《美國與中國東北》，65 頁。

　　清政府要應對的一直是非單純的雙邊關係，而是交結作用的政治格局中的多邊關係，尤其是日、美、俄、英在亞洲和太平洋地區的勢力消長與它們之間的矛盾和矛盾的轉化關係。另外清末以來，列強在華勢力相對均衡，因此，到民國初年在外交上尚未形成「狹義」的「以夷制夷」的格局，這也是導致清政府聯美制日外交政策失敗的不利因素。隨著美日在中國東北的激烈爭奪使美日矛盾進一步尖銳化，逐步成為遠東國際關係的主要矛盾，這為以後美日在遠東和太平洋地區的爭霸埋下了伏線，最後終於形成中國得以「以夷制夷」的格局：1921～1922 年的華盛頓會議，是日美矛盾尖銳的結果，美國在會上迫使日本接受「維護中國領土完整」、「門戶開放」的原則，這次會議拆散了英日同盟，暫時抑制了日本獨占中國的政策，維持了帝國主義在中國和太平洋地區的既得利益。美日矛盾雖以日本的妥協和退讓暫時得到緩和，但是華盛頓會議並沒有消除日美之間的矛盾和爭鬥。日本處心積慮地以美國為假想敵人，積極準備以武力打破華盛頓會議建立起來的太平洋「秩序」。美國也以日本為主要對手，1924 年 9 月制訂了「橙色對日作戰計劃」，1928 年又作了重大修改，準備與日本一決勝負。

　　聯美制日政策的失敗，與清末統治集團的內爭也不無關係。這一政策在清末的推行，袁世凱與錫良是兩個核心人物。袁世凱在清末的崛起，與義和團運動和八國聯軍侵華息息相關。義和團運動興起後，袁世凱因力主鎮壓並在山東境內將其主張實施而獲得西方列強的青睞，他掌握的以小站練軍為基礎的軍事力量在八國聯軍侵華戰爭中幾乎成為京畿一帶唯一幸存下來的軍隊，也成為清廷在這一地區唯一的依靠。西方列強的青睞及握有一支重兵，使袁世凱在庚子年後能平步青雲，由一歷練已深的巡撫一躍而成為舉足輕重的直隸總督、北洋大臣。他憑藉著這一地位，利用清末新政極力擴張自己的勢力，一直到 1908 年他被趕出中央朝廷之前，他不但在中央機構中遍布黨羽，把持要津，而且把東北變成了他自己的勢力範圍。東三省總督徐世昌、奉天巡撫唐紹儀、吉林巡撫朱家寶、黑龍江巡撫段芝貴都是袁世凱團隊的人物。

　　袁世凱在義和團運動期間，就認為美國是貿易大國，會為其利益會保護中國獨立，不被瓜分。1905 年因美國排華引發抵制美貨運動，袁世凱則極力反對抵制美貨，力圖減少與美國的衝突。日俄戰爭後，袁世凱基本上實現了對東北的控制，同時他不久也由津調入北京，任外務部尚書、軍機大臣，直接指導外交。「聯美制日」為核心的「滿洲政策」開始大張旗鼓地推行。在他

的支持下，徐世昌、唐紹儀諸人積極活動，於是，有新法計劃、唐紹儀使美等計劃的出臺，同時，東北當局在袁世凱的支持之下，又加快「自行開埠」，對外資（實際上主要是美資）廣爲招徠。但是，儘管聯美制日及由此產生的具體計劃與活動反映的是清政府的意向，然而這決不表明在統治集團中已對袁世凱的主張一致認同。相反，由於袁世凱權力的迅速膨脹，引起了滿洲貴族及一部分漢族地主官僚的疑忌和不滿，倒袁的明浪與暗潮此起彼伏。1909年1月，新執政的攝政王載灃以「腳疾」爲由將袁世凱清出政壇。與此相應，袁世凱在東北的親信也遭到了各種形式的清洗。這對正在風頭上的聯美制日不能不是一個挫折。

繼徐世昌之後任東三省總督的錫良雖是蒙旗旗人，而派他任東三省總督也有濃厚的政派鬥爭色彩，但錫良並不是分不清輕重的顢頇貴族。在清統治集團中，他以清正廉潔、熟諳邊疆事務著稱，是位開明的具有強烈愛國思想的官員，這使得他在東北能把聯美制日政策推行下去，於是又有了錦璦計劃的出臺和實業借款計劃的提出。但是，錫良在這方面的表現更像是孤軍奮戰。對錫良向外國借款修路的主張，攝政王載灃初時就猶疑不定，到1909年秋則明顯地不予贊同。而外務部會辦大臣那桐和度支部尚書載澤則堅決反對，那桐擔心會引發新的中日緊張，他認爲與其製造新問題，還不如通過談判解決使中日關係緊張的老問題，而載澤則不贊成向外國貸款，因爲中國財政拮据，已無力再借大宗款項。一項在具體措施上得不到中央支持的政策已根本上失去了成功的可能性。這之後，錫良仍然堅持自己的意見，他甚至自行與司戴德會談締結一項協議草案。以主動的、進取政策來拯救日俄新協議給東北造成的危殆局面，錫良的這一主張差不多被那桐和載澤壓制了一年，才爲清政府同意。但是具體的操作權力卻被從錫良手中奪走。1911年5月，錫良終於被迫辭職。統治集團內部的傾軋、派系至上，使原本就沒有實力後盾的聯美制日政策變得更爲蒼白無力，只有失敗一途。

集權專制政府的功能停滯，統治過程和政治運作的不連貫性所造成的高昂成本也阻礙著對外政策的操作，並導致具體的外交運作功敗垂成這種情況發生，如唐紹儀使美。如果說日美的諒解是聯美制日外交失敗的外因，那麼清朝正分崩離析的政局則是失敗的內因。

當時中國正處於革命的暴風雨來臨前夕，滿漢矛盾、中央和地方矛盾非常尖銳，大清政權搖搖欲墜。對中國不穩的政局，各國對此當然也很清楚。倫敦

《泰晤士報》不斷宣揚中國為「政治腐敗的國度」，「東方世界裏一塊黑暗與紊亂的國土」，「整個社會腐朽沒落百業雕敝」。《泰晤士報》外事部主任瓦倫丁·姬爾樂在其所著的《中東問題》一書中，更直接地認為「中華帝國正在沒落，其四肢已經爛掉」。〔註7〕清政府日薄西山，政治統治處於分崩離析的狀態，尤其日俄紛爭的是非之地東北，使美國資本家不敢貿然前來投資，羅斯福政府態度消極，更惶論羅斯福本人對清政府的鄙夷。以夷制夷也需要一定的實力。清政府面對的是：「各國分占中國礦利，內地鐵路皆駐洋兵保護之謂也。長江則事事須問英；山東、江北則事事須問德；福建、江西則事事須問日；廣東、廣西、雲南則事事須問法；蘇浙則英意合謀權利盡矣。不可為國矣，……。」（宣統元年十月初二日）〔註8〕從光緒二十七年張之洞等各省督撫的奏言亦可見一斑，「各省分派賠款，為數過巨，籌措萬難，方今民生困窮，商業雕弊，經去年之變，各省商民元氣大傷，種種籌款之法，歷年皆經辦過久，已竭澤而漁，若再痛加搜括，民力既不能堪，賠款仍必貽誤」。〔註9〕又如駐俄公使楊儒也曾奏言，「自古為政，未有不富而可以言強，不富強而可以言治者，國之有財用如人之有元氣，開之益通，閉之立塞」。〔註10〕而武昌起義後，清政府庫銀無多，「查美國退還賠款，自本年起徑解部庫，除業經本部支撥遊美學務經費外，現在部庫仍存若干。希即查明，盡數撥交本部，以應要需。相應片行，查照見覆等因，前來查美國退還賠款，自本年改解部庫後，經本部於五月間電飭滬道提解銀十五萬兩，該道實解到庫平銀十三萬六千八百六一兩三錢一分四釐，除放給貴部領過清華學堂上半年經費，暨遊美學務經費二兩平銀十二萬七百三十四兩，折庫平銀十一萬三千四百八十九兩九錢六分，實存前項經費庫平銀二萬三千三百七十一兩三錢五分四釐，現在部庫來源告罄，而應放餉項刻不容緩，比款已接濟兵餉應俟庫款籌措就緒再行歸還相應片呈貴部查照可也。（宣統三年十一月初一日）〔註11〕民窮財盡的大清國，何言實力？

甲午戰爭的失敗，早該警醒的清政府革故鼎新、痛改前非，不失時機地

〔註7〕 張曉輝、蘇苑：《唐紹儀傳》，101頁。

〔註8〕 《清季外交史料》（三）卷149，2431頁。

〔註9〕 《清季外交史料》（三）卷149，《各省督撫張之洞等致樞垣各省分派賠款為數過巨，請減免四成以紓民力電》，2429頁。

〔註10〕 《清季外交史料》（三）卷149，《使俄楊儒奏請變通成法補救時艱，謹擬六策折》，2424頁。

〔註11〕 《清宣統朝外交史料》卷24，《度支部致外部美國退還賠款已接濟兵餉俟籌妥歸還片》，3975頁。

走上全面變革之路。然而，積重難返的清政府卻不能因勢變通，所以，聯美制日失敗之時，亦即清政府壽終正寢之日。專使陸徵祥、使和錢恂致外務部請宣布立憲宗旨，「會中眾論列國各報，均謂當今世界危機日迫，惟趕緊立憲，庶幾可挽，語極諄切，意存勸諫，祥恂備聞種種外論，不敢壅於上聞，我國故已欽奉懿旨，預備立憲，明知此時程度未易實行，然立憲宗旨不妨再行確實宣布，以示決無更動，其一切條目自可從容酌議，如此則列強起敬，邦其乃鞏，祥恂身列和會，見聞較切，誠迫電陳謹，請代奏」。〔註12〕錫良也奏稱：「當據代表、諮議局議長吳景濂等面遞公呈，大意則以東省大勢，較第三次上書時日俄協約，日韓合邦情形，更有迫不容待者。……臣維東三省自甲午、甲辰以後，受強鄰之激刺，生國家之思想，人民知身家性命非合群不能自保；復目睹朝鮮亡國慘狀，較之各行省有特別之危險，不能不有特別之請求。……伏乞聖明俯允所請，再降諭旨，定於明年召集國會，大局幸甚！如以臣言爲欺飾，請先褫臣職，另簡賢能大員以紓邊禍。」〔註13〕鼓動改革的錫良被清政府以病免職後，1911 年 5 月 24 日，趙爾巽從四川調任東三省總督。清政府鎮壓了國會請願運動後，1911 年 5 月，頒布了新訂的內閣官制，並公佈內閣人選。13 名閣員中，滿族就占 9 人，其中皇族又占 7 人，被世人譏稱爲「皇族內閣」。載灃還繼續進一步把權力集中到皇族手中，「預備立憲」的騙局完全破產了，致使立憲派對清廷絕望，開始向革命派靠攏。而辛亥革命由列強共同貸款的湖廣鐵路引起，也絕非偶然。

已有學者指出，「以夷制夷」，「本來是各個國家莫不採取的外交手段，但在清朝政府形成爲一個長期的固定的外交政策，則是國際關係史上所罕見的。其根源在於國家積弱，在國際社會中無力自立，才不得不「飲鴆止渴」，謀求避重就輕，利用或傾斜、甚至於依附某一外國，靠犧牲一些主權，反對另一外國的侵略和壓迫」。〔註14〕學者崔丕認爲這種外交掙扎「雖然暫時獲得了延緩其統治的國際力量，但又無法從根本上緩解所面臨的危機」。〔註15〕

通過考察此段歷史，我們得出的最重要的結論就是：以夷制夷不可獨恃，真正富有成效之外交必以充滿活力之內政爲基礎。雖事過境遷，今非昔比，

〔註12〕《清季外交史料》（三），卷 203，《專使陸徵祥、使和錢恂致外部請宣布立憲宗旨電》，3138 頁。

〔註13〕《錫良遺稿》第二冊，第 1262～1263 頁。

〔註14〕崔丕：《近代東北亞國際關係史》（薛虹）序，8 頁。

〔註15〕崔丕：《近代東北亞國際關係史》，3 頁。

其中仍不乏我們可以借鑒之處。

　　雖然以往的事實證明，在犧牲被侵略者之利益的前提下，列強之間可以互相妥協、甚至狼狽爲奸的，「以夷制夷」的結果，往往是引狼入室，助長列強對中國瓜分豆剖，但在別無他法的情況下，唐紹儀、錫良等不得不將「以夷制夷」視爲可資利用的法寶。而當時列強之間存在的錯綜複雜的矛盾，主要是日、美矛盾，也爲他們謀劃「以夷制夷」提供了有利條件。唐紹儀、錫良等某些開明人物曾試圖有所作爲，而終無所作爲，這一過程也眞正顯示出清王朝的確已走上末路，其覆亡是具有更爲深刻的社會政治經濟根源的歷史必然。

　　總之，清政府圍繞東北問題聯美制日，是個複雜的歷史過程，本文即是爲了進一步揭示許多事實和弄清楚其來龍去脈，更爲了檢視這個政策系統所面臨的困境，分析其策略運用是否得體、時機是否適當，以及它無法有更佳表現的原因，以對有些問題、有些人物給予新的評價或更加合理的解釋，這樣才有利於總結出歷史經驗和規律性的東西，有利於引爲現實的決策參考。

參考文獻

一

1. 王彥威纂輯、王亮編，《清季外交史料》（光緒、宣統朝），書目文獻出版社 1987 年版。

2. 《清光緒朝中日交涉史料》，北平故宮博物院 1932 年版。

3. 《清宣統朝中日交涉史料》，沈雲龍主編，《近代中國史料叢書》，臺灣文海出版社 1966 年版。

4. 《光緒交涉要覽》（乙巳、丙午、丁未），北洋洋務局，光緒三十三年至宣統二年。

5. 《宣統政紀》，中華書局 1987 年版。

6. 文慶等編，《籌辦夷務始末》，北平故宮博物院 1930 年版。

7. 《德宗實錄》，中華書局 1987 年版。

8. 朱壽朋編，《光緒朝東華錄》，中華書局 1958 年版。

9. 《清光緒朝文獻彙編》，臺灣鼎文書局。

10. 《戊申大政記》，宣統年間鉛印。

11. 《宣統己酉大政記》，宣統元年鉛印。

12. 《光緒宣統兩朝上諭檔》，廣西師大出版社 1996 年版。

13. 《清季中日韓關係史料》，臺灣中央研究院近代史研究所編，1979 年版。

14. 《宮中檔光緒朝奏摺》，臺灣故宮博物院 1973～1975 年。

15. 徐世昌，《退耕堂政書》，沈雲龍主編《近代史資料叢刊》第 23 輯，臺灣文海出版社 1966 年版。

16. 徐世昌，《東三省政略》，吉林文史出版社 1989 年。

17. 徐曦，《東三省紀略》，商務印書館 1915 年版。

18. 羅香林，《梁誠的出使美國》，香港，1977 年版。

19. 《近代史資料》，中國社會科學出版社，1980～2005 年。

20. 清外務部檔案（中美關係・財政金融部分），第一歷史檔案館。

21. 《國家圖書館藏清代孤本外交檔案》，國圖出版社 2003 年版。

22. 《滿鐵史資料》，吉林省社科院編，中華書局 1979 年版。

23. 蘇崇民，《滿鐵史》，中華書局 1990 年 12 月版。

24. 沈祖憲、吳闓生編，《容庵弟子記》第 1 卷，臺灣文海出版社 1966 年版。

25. 盛宣懷，《愚齋存稿》，臺灣文海出版社 1966 年版。

26. 天津圖書館等編，廖一中等整理，《袁世凱奏議》上冊，天津古籍出版社 1987 年版。

27. 吳汝綸編，《李文忠公全書》，金陵 1905 年刊本。

28. 苑書義著，《李鴻章傳》，人民出版社 1991 年版。

29. 《中國近代人物文集叢書・伍廷芳集》，中華書局 1993 年 8 月版。

30. 中國科學院歷史研究所三所編，《錫良遺稿》，中華書局 1959 年版。

31. 李宗一著，《袁世凱傳》，中華書局 1980 年版。

32. 王魁喜等，《近代東北史》，黑龍江人民出版社 1984 年版。

33. 《李大釗全集》，河北教育出版社 1999 年版。

34. 陳旭麓主編，《中國近代史詞典》，上海辭書出版社 1984 年版。

35. 張柟、王忍之，《辛亥革命前十年間時論選集》，第三卷，三聯書店 1977 年版。

36. 王紹坊著，《中國外交史》，河南人民出版社 1988 年版。

37. 林春和等編，《北洋軍閥史料選輯》，中國社會科學出版社 1981 年版。

38. 〔美〕費正清，《劍橋晚清中國史》下卷，中國社會科學出版社 1985 年版。

39. 金士宣，《中國東北鐵路問題彙論》，大公報館，1932 年。

40. 宓汝成著，《帝國主義與中國鐵路（1847～1949）》，上海人民出版社 1980 年版。

41. 孫瑞芹編譯，《德國外交文件有關中國交涉史料選譯》，商務印書館 1960 年版。

42. 《中美關係史資料》第一輯，世界知識出版社 1957 年版。

43. 孔華潤著，張靜爾譯，《美國對中國的反應》，復旦大學出版社 1989 年版。

44. 約瑟夫著，胡濱譯，《列強對華外交》，商務印書館 1959 年版。

45. 閻廣耀、方生選譯，《美國對華政策文件選譯》，人民出版社 1990 年版。

46. 泰勒・丹涅特著,姚曾廣譯,《美國人在東亞》,商務印書館 1959 年版。

47. 汪熙,《中美關係史論叢》,復旦大學出版社,1985 年 10 月版。

48. 張蓉初編譯,《紅檔雜誌有關中國交涉史料選譯》,三聯書店 1957 年版。

49. 步平,《東北國際約章彙釋》黑龍江人民出版社,1987 年版。

50. 中國第一歷史檔案館編,《清代中俄關係檔案史料選編》,第一編、第三編,中華書局 1981 年、1979 年版。

51. 《中日關係史資料》(東北問題)1～4 輯,臺灣中研院近代史所,1976 年版。

52. 陸奧宗光著,伊舍石譯,《寒寒錄》,商務印書館 1963 年版。

53. 王芸生編,《六十年來中國與日本》,三聯書店 1980 年版。

54. 李祥麟,《門戶開放與中國》,商務印書館 1936 年。

55. 駱惠敏編、劉桂梁等譯,《清末民初政情內幕》上卷,知識出版社,1986 年版。

56. 伍向榮、夏應元,《中日關係史資料彙編》,中華書局 1986 年版。

57. 中國社會科學院近代史研究所《近代史資料》編輯室主編,《秘笈錄存》,中國社會科學出版社 1984 年版。

58. 中國社會科學院近代史研究所《近代史研究》編輯部編,《近代中國對外關係》,四川人民出版社 1985 年版。

59. 王鐵崖編,《中外舊約章彙編》,三聯書店 1957 年、1958 年、1962 年版。

60. 姜念東等著,《偽滿洲國史》,吉林人民出版社 1980 年版。

61. 張鳳鳴,《中國東北與俄國(蘇聯)經濟關係史》,中國社會科學出版社 2003 年版。

62. 陳本善等,《日本侵略中國東北史》,吉林大學出版社 1989 年版。

63. 王立新,《美國對華政策與中國民族主義運動 1904～1928》,中國社會科學出版社 2003 年版。

64. 項立領,《中美關係史全編》,華東師範大學出版社 2002 年版。

65. 王學良,《美國與中國東北》,吉林文史出版社,1995 年 10 月版。

66. 崔丕,《近代東北亞國際關係史》,東北師範大學出版社 1992 年 5 月版。

67. 曹中屏,《東亞與太平洋國際關係史》,天津大學出版社 1992 年版。

68. 馬興國,《中日關係的新思考》(中國東北與日本國際學術討論會論文集),遼寧大學出版社 1993 年版。

69. 陶文釗,《中美關係 100 年》,中國社會科學出版社 2002 年版。

70. 張曉輝、蘇苑,《唐紹儀傳》,珠海出版社 2003 年版。

71. 〔美〕阿瑟・林克、威廉・卡頓著,劉緒貽等譯,《1900 年以來的美國

史》中國社會科學出版社 1983 年版。

72. 威羅貝著，王紹坊譯，《外人在華特權和利益》，三聯書店 1957 年版。

73. 馬士著，張彙文等譯，《中華帝國對外關係史》，三聯書店 1956 年版。

74. 鮑・亞・羅曼諾夫，《日俄戰爭外交史綱》，三聯書店 1981 年版。

75. 〔美〕查爾斯・威維爾著，張瑋瑛、李丹陽譯，《美國與中國：財政和外交研究（1906～1913）》，社會科學文獻出版社 1990 年版。

76. 韓德，《中美特殊關係的形成——1914 年前的美國和中國》，復旦大學出版社 1993 年版。

77. 朱衛斌，《西奧多・羅斯福與中國，對華門戶開放政策的困境》，天津古籍出版社 2005 年版。

78. 鈴木隆史，《日本帝國主義侵略中國東北的歷史》，吉林教育出版社 1996 年版。

79. 薛子奇、劉淑梅、李延齡著，《近代日本「滿蒙政策」演變史》，吉林人民出版社 2001 年版。

80. 芭芭拉・杰拉維，《俄國外交政策一世紀》，商務印書館 1978 年版。

81. 井上清著，姜晚成等譯，《日本軍國主義》，商務印書館 1985 年版。

82. 井上清，《日本近代史》（上冊），商務印書館，1962 年版。

83. 〔蘇〕赫沃斯托夫編，《外交史》（第 2 卷，下冊），三聯書店 1979 版。

84. 〔蘇〕鮑・亞・羅曼諾夫《日俄戰爭外交史綱（1895～1907）》，上下冊，上海人民出版社 1976 年版。

85. 〔蘇〕福森科著，楊詩浩譯，《瓜分中國的鬥爭和美國的門戶開放政策（1895～1900）》，三聯書店 1958 年版。

86. 〔蘇〕格・安德列耶夫，《美國資本輸出》，世界知識出版社 1958 年版。

87. 〔蘇〕B.阿瓦林：《帝國主義在滿洲》，商務印書館 1980 年版。

88. 〔蘇〕納羅奇尼茨基、古貝爾、斯拉德科夫斯基、布爾林加斯，《遠東國際關係史》第 1 冊，商務印書館，1976 年版。

89. 東亞同文會，《對華回憶錄》，商務印書館，1959 年版。

90. 外務省編，《日本外交文書》，日本國際聯合協會 1960 年版。

91. 外務省編，《日本外交年表及主要文書》上卷，原書房 1969 年版。

92. 大山梓，《日俄戰爭的軍政記錄》，芙蓉書房，1973 年版。

93. 安藤彥太郎《滿鐵——日本帝國主義與中國》，御茶水書房 1965 年版。

94. 鶴見祐輔，《後藤新平》，第 2 卷，勁草書房 1965 年覆刻本。

95. 北岡伸一，《日本陸軍與大陸政策》，東京大學出版會 1978 年版。

96. 外務省編，《小村外交史》，新聞月鑒社，1953 年版。

97. 栗原健《對滿蒙政策的一面》，原書房 1981 年版。

98. 〔日〕金子堅太郎著，《日本門羅主義與滿洲》，啓明會 1973 年 12 月版。

99. 大山梓，《山縣有朋意見書》，原書房 1966 年版。

100. 鄭曦原編，《帝國的回憶——〈紐約時報〉晚清觀察記》，三聯書店 2001 年版。

101. 〔美〕李約翰著，孫瑞芹、陳澤憲譯：《清帝遜位與列強（1908～1912）——第一次世界大戰前的一段外交插曲》，第 12 頁，中華書局 1982 年版。

102. Herbert Croly,Willard Straight,The Macmilland Company,1924.

103. Tyler Dennett,Roose Velt and the Russo-Japanese War, Gloucester,1959.

104. Micheal H. Hunt,Frontier Defense and the Open Door—Manchuria in Chinese American Relations, 1895～1911, New Haven and London Yale University Press,1973.

105. Compiled and Edited by John V.A.Mac Murray, Treaties and Agreements with and Concerning China, 1894-1919, NewYork 1921.

106. Papers Relating to the Foreign Relations of the United States,1900～1912, by United States Department of State. Washington：Government Priting Office，1919.

107. Thomas A. bailey, A diplomatic history of the American people, Appleton-Century-Crofts, Inc. New York ,1964.

108. A short history of American foreign policy and diplomacy, Samuel Flagg. Bemis, Henry Holt and Company, Inc. 1959,New York.

109. The Open-Door Policy and The Territorial Integrity of China, Shutaro Tomimas, A.M., New York,1919

110. Campbell, Charles, Special Business interests and the Open Door, New Haven, 1951.

111. American Diplomacy Concerning Manchuria, Stephen C.Y.Pan, Washington, Catholic University of America,1938.

112. Jerry.Isreal,Progressivism and the open Door：America and China1905-1921, University Pittsburgh press, 1971.

113. Des Forgres, Roger V.,His-liang, A Portrait of a Late Ching Patriot, Yale University, 1971.

114. Mackinnon, Stephen R, Power and politics in late Imperial China：Yuan Shi-kai in Beijing and Tianjing, 1901-1908, University of California, 1980.

115. J.O.P. BLAND, Recent Events and Present Policies in China, London ,1912.

116. The Trade of The United states with China, by Shu-Lun pan, New York, 1924.

117. Foreign Financial Control in China,by T.W.Overlach,New York. 1919.

118. The Russian Road to China,by Lindon Bates,London.1910.

119. The New Far East,by Thomas F.Millard,New York,1907.

120. The International Relations of Manchuria, by C.Walter Young, The University of Chicago Press.1929.

121. G.P. Gooch & H.Temperly,British Documents on the Origins of the War, 1898-1914, London,1926～1929.

122. C. C. Taylor, The Life of Mahan , New York,1914.

123. A . Whitney. Crisword, The Far Eastern Policy of the United States, New York, Harcourt,Brace and Company ,1938.

124. Straight papers ,Olin Library,Cornell University.

125. Records of the Department of State, Group59, National Archives, Washington, D.C.

二

1. New York Times

2. Journal of Asia Studies.

3. 《近代史研究》

4. 《外交報》

5. 《盛京時報》

6. 《申報》

7. 《大公報》

8. 《進步日報》

9. 《東方雜誌》

10. 《光明日報》（史學版）

11. 《中央研究院近代史研究所集刊》

12. 《世界歷史譯叢》

三

1. 林星：《甲午戰後到辛亥革命期間帝國主義在東三省的鐵路爭奪》，載《歷史教學問題》1959 年第 1 期。

2. 李時岳：《清末的招徠政策和美帝國主義的保全主義》，《光明日報》1965 年 10 月 20 日史學版。

3. 高鴻志：《1895～1905 年美國對東北的侵略及其同帝俄的鬥爭》，《合肥師院學報》，1963 年第 2 期。

4. 石楠：《美國與日俄爭奪中國東北和第二次日俄密約的簽訂》，《近代史研究》1988 年第 2 期。

5. 王英文：《美國資本入侵滿洲與「滿鐵中立化計劃」》，《求是學刊》1990 年第 6 期。

6. 陶文釗：《20 世紀初美日在東亞的爭奪》，《世界歷史》1992 年第 3 期。

7. 朱衛斌：《西奧多・羅斯福與中國的完整》，《中山大學學報》1998 年 3 期。

8. 高樂才：《日俄戰爭前後美國對中國東北的爭奪》，《長春師院學報》1999 年 1 期。

9. 仇華飛：《諾克斯計劃與日俄在華利益的爭奪》，《同濟大學學報》（社科版）2003 年 3 期。

10. 馬陵合：《略論清季東北鐵路外債的趨經濟特質——以均勢外交爲中心》，《歷史教學》2003 年 10 期。

11. 胡玉海：《近代東北鐵路修築權與鐵路借款的交涉》，《遼寧大學學報》2004 年 5 期。

12. 朱海藍：《日俄戰爭後日俄美的東北亞政策》，《日本學論壇》2005 年 1 期。

13. 康沛竹：《日俄戰爭後的清廷東北防務》，《近代史研究》1989 年 3 期。

14. 劉迎紅：《遠東國際關係與清末東北新政》，《求是學刊》1996 年第 6 期。

15. 馬永山：《日俄戰爭後東北地方官反對日本掠奪路礦利權的抗爭》，《史學集刊》1998 年 4 期。

16. 楊天宏：《清季東北「自開商埠」述論》，《長白學刊》1998 年 1 期。

16. 康沛竹：《徐世昌在東北活動述略》，《求是學刊》1990 年第 5 期。

17. 董浩軍：《論晚清的以夷制夷》，《延安大學學報》1994 年 3 期。

18. 郭劍林：《徐世昌與東北近代化》，《社會科學戰線》1995 年 3 期。

19. 蘇全有：《論袁世凱的對外開放思想》，《河南師大學報》1998 年 2 期。

20. 高民：《「以夷制夷」與晚清外交》，《山東礦業學院學報》（社科版）1999 年 3 期。

21. 蘇苑：《中國近代新型外交家唐紹儀》，《貴州社會科學》2005 年 1 期。

22. 董小川：《論 20 世紀初期的美俄關係》，《東北師範大學學報》1995 年 3 期。

附錄：著述摘要

　　對於中國的聯美制日政策，學術界基本上是作爲民國外交的重要內容來研究的，並把顧維鈞當作聯美制日第一人看待，實際上，圍繞東北問題，1905～1911 年的晚清政府已經開始了較用心的聯美制日政策，這是本書提出並加以論證的新觀點。

　　本書運用歷史唯物主義的研究方法，首次全面、系統地勾畫了日俄戰爭後，清政府爲應對東北危機而進行的一系列外交活動的全貌，深入地論述了晚清政府聯美制日政策的提出及其一系列外交運作，並對這一政策及其最終的失敗結局、蘊涵的歷史經驗教訓做出了實事求是的客觀評價和分析，以期對中外關係史研究中的薄弱環節做出補充。

　　全書包括前言和七章內容。

　　前言：闡述了本研究的意義、相關研究及其不足、本書的研究思路及研究取向等。

第一章：遠東巴爾幹的形成

　　1905 年日俄戰爭後，圍繞中國東北，大國的爭奪十分激烈，中國東北一時間處於列強激烈爭奪、重新被瓜分的險境之中，因而成爲「遠東的巴爾幹」。通過《樸茨茅斯和約》，俄國和日本擅自作出了分割中國東北的決定：日本占據中國東北南部，俄國佔有東北北部。日本把維護與擴張在中國東北、朝鮮的利權作爲「帝國的施政方針」，以滿鐵爲工具，企圖將中國東北殖民地化；沙俄把俄日共同分割中國東北作爲其在東北亞戰略的核心；美國不滿於日俄對東北利權的壟斷性把持，企圖利用他雄厚的資本打開缺口，在中國東北立

足。而英國、德國也因各自的戰略目的及與日本的利害關係，對東北問題備加關注。所有這些，形成了錯綜複雜的國際關係，最突出的是日美矛盾逐漸取代日俄矛盾成爲遠東令人矚目的熱點。

第二章：清政府聯美制日政策的確立

爲挽救東北危機，以維護主權，清政府企圖利用美日矛盾與覬覦東北市場的美國攜手，以抵制日俄，尤其是主要敵國日本，因而形成了所謂的聯美制日的外交政策。

清政府聯美制日的外交政策在操作上的確具有可能性和可行性：其一在於美國自身的發展需求；其二在於美日在中國東北的矛盾和爭奪的漸趨激烈；其三在於唐紹儀的聯美意圖，尤其是司戴德的努力「接應」。但哈里曼收購南滿鐵路計劃的失敗說明清政府聯美制日政策操作起來是有困難的。

第三章：新法計劃

新法計劃指的是清政府籌謀借助美資興修從新民屯至法庫門的鐵路計劃。爲消除東三省嚴重的政治威脅、主權危機，東三省地方政府著手借款築路，先擬借美款，無法實現時改借英款，從而運作了新法計劃，這是清政府實施聯美制日政策的具體行爲。新法計劃也是司戴德積極策動的第一項投資計劃，即與唐紹儀商議修築新法鐵路，由哈里曼出資。司戴德進而與唐紹儀商定成立滿洲銀行，由美國貸款二千萬美元作爲該銀行的資本，使之成爲「滿洲」當局的財政樞紐，以促進鐵道、農工實業、礦山森林的開發及幣制改革等工作的開展。司戴德此舉在於以門戶開放之名，建立美國在「滿洲」的優越勢力。但因爲日本以南滿鐵路並行線的理由提出反對，英國受日本脅迫後支持日本的主張，也暗中進行破壞，終使這個計劃落空。

第四章：唐紹儀使美

新法計劃的失敗並沒有使唐紹儀氣餒，他再次轉而尋求美國資本的合作，並進一步推出了出使美國、繼續「聯美制日」的計劃，企圖通過更高層次的中美合作（同盟），以增強對抗日本的力量。不料，國際風雲難測、國內政局變幻，美日羅脫-高平協定的簽署、慈禧太后的離世，宣告唐紹儀使美功敗垂成。

唐紹儀的出訪竟跨越了光、宣兩朝。這時清政府中各派政治力量的對比已經發生了很大變化，袁世凱被開缺回籍，人亡政息。

第五章：錦璦計劃與諾克斯計劃

錦璦計劃的策劃和最終出臺是清政府中央及錫良爲新總督的東三省地方當局繼續運作聯美制日外交政策的結果。

1909 年，美國總統威廉・塔夫脫提出並實行了旨在鼓勵金融資本向海外投資以實現海外擴張的金元外交政策。美國政府先後向英、日、俄、法、德、中等國提出了關於中國東北鐵路中立化的諾克斯計劃。這個計劃是美國在中國進一步實行門戶開放政策的重大步驟，也是美國在中國推行金元外交的主要措施之一。內外交困的清政府積極配合美國運作。圍繞諾克斯計劃中的錦璦計劃，各帝國主義國家，尤其是美日兩國，在中國東北展開了一場激烈的外交鬥爭，英日俄的聯手破壞最終致使錦璦計劃遭遇失敗的打擊。並不死心的美國仍然力圖實現第二個方案，但敗局已定。

第六章：聯美制日政策的最後失敗

雖然新法計劃、錦璦計劃等接連遭遇挫折，但清政府仍不放棄聯美制日政策，於是又有了幣制與實業借款計劃的運作。對美國而言，參與幣制與實業借款是繼諾克斯計劃失敗後對日俄的新反擊。起初清政府把該借款權單獨給予美國，但是最終美國轉手把它用作爲參加國際銀行團的籌碼，企圖在國際金融資本對華的共同掠奪中占據領導地位，這樣便把中國置於國際資本的籠罩之下。隨著 1910 年 11 月四國銀行團的成立，標誌著清政府對美單獨借款失敗；到 1912 年 6 月六國銀行團成立（日本、俄國加入國際銀行團，他們在東北地區的「特殊利益」得到各國的承認），便宣告了清政府聯美制日政策的徹底失敗。

第七章：結語──以夷制夷：清政府聯美制日政策評析

清政府和東北當局制定並努力運作的一系列聯美制日的計劃，雖然最終失敗，但是聯美制日政策本身具有一定的合理性，且產生了一定的現實意義。

雖然聯美並未達到預期目標，但來自美國的某些主張和動向使日俄瓜分中國的野心受到一定的遏制，這未嘗不是清政府力圖追求的效果，從而使清政府並未就此放棄聯美的策略，總體上說，清王朝滅亡前的一段歷史時期，聯美是維護東北領土主權的主要策略。乃至到民國初年，聯美制日仍舊是當時中國政府的一項重要外交政策，而且是以晚清政府所作過的外交努力爲基礎展開的，而且也產生了一定的作用。尤其重要的是，這一政策也對以後的中國歷史產生了深遠的影響，在一定程度上，它規劃了 20 世紀上半葉中國外

交的大格局。

　　清政府聯美制日政策之所以失敗，其外因，首先是由於日本的反抗，再次是美國政府對日本所採取的綏靖政策。而且清末以來，列強在華勢力相對均衡，因此，到民國初年外交上尚未形成「狹義」的「以夷制夷」的格局；其內因，既與清末統治集團的內爭不無關係，更與清朝分崩離析的政局、腐化僵死的內政息息相關。

後 記

　　本書在創作和出版過程中，曾得到李書源導師的認真指導和花木蘭文化出版社總編輯老師、發行人及北京辦事處楊嘉樂老師的鼎立支持與幫助；我的家人和朋友也給予了我無私的關愛。

　　在此，謹向所有關心、支持和幫助過我的老師和親友表示衷心的謝意。

作　者

2013 年 9 月於海口